# LEMBE JUNIOR

## DE LA LETHARGIE SATANIQUE AU REVEIL CHRISTIQUE

**LEMBE JUNIOR**

# DE LA LETHARGIE SATANIQUE AU REVEIL CHRISTIQUE

## 13 THEMES D'UNE AUTHENTIQUE REPENTANCE <sub>VOLUME 3</sub>

**Éditions Croix du Salut**

**Imprint**
Any brand names and product names mentioned in this book are subject to trademark, brand or patent protection and are trademarks or registered trademarks of their respective holders. The use of brand names, product names, common names, trade names, product descriptions etc. even without a particular marking in this work is in no way to be construed to mean that such names may be regarded as unrestricted in respect of trademark and brand protection legislation and could thus be used by anyone.

Cover image: www.ingimage.com

Publisher:
Éditions Croix du Salut
is a trademark of
Dodo Books Indian Ocean Ltd. and OmniScriptum S.R.L publishing group

120 High Road, East Finchley, London, N2 9ED, United Kingdom
Str. Armeneasca 28/1, office 1, Chisinau MD-2012, Republic of Moldova, Europe
Printed at: see last page
**ISBN: 978-620-6-17026-6**

# SOMMAIRE

# PROLOGUE

A L'accoutumée de mes précédents ouvrages en l'occurrence :

- « *Les 7 péchés capitaux : perdre en malédictions Célestes et gagner en bénédictions Divine* »
- « *Le fruit de l'esprit : l'illumination par le biais des 9 vertus* »
- « *Les secrets du véritable bonheur : les efforts pour le confort* »
- « *De la léthargie Diabolique au réveil spirituel : 13 thèmes d'une authentique repentance  Volume 1* »
- « *De la léthargie Diabolique au réveil spirituel : 13 thèmes d'une authentique repentance  Volume 2* »

Ce sixième livre et troisième volume comporte également les mêmes objectifs et inéluctablement le même but que les autres à savoir :

## ❖ LES OBJECTIFS :

- ➢ Donner les conseils concrets pour mieux se familiariser avec les maximes Bibliques ;
- ➢ Expliquer les réalités spirituelles munies d'exemples quotidiens et de références Bibliques ; dans l'optique d'amener le lecteur ou la lectrice à sérieusement méditer sur son mode de vie actuel ;
- ➢ Proposer des solutions accessibles à mettre en œuvre pouvant efficacement aider les personnes en quête de méthodes pour occire les drames intérieurs, extérieurs, poignants et pathétiques parsemant leurs vies quotidiennes et celles des autres ;
- ➢ Réveiller l'humanité de la léthargie Diabolique ;
- ➢ Délivrer le genre humain de l'esclavagisme Diabolique et du marionnetisme démoniaque ;
- ➢ Et enfin, soigner la race humaine du virulent virus paganique.

## ❖ LE BUT :

Il est tout simplement question d'immortaliser le noble combat du SEIGNEUR JESUS CHRIST ; qui n'est rien d'autre que celui de limiter la paganisation dans le monde entier, en neutralisant le paganisme dans les vies des Hommes. En d'autres termes, il s'agit de véritablement transformer les âmes mondaines, vicieuses et païennes en âmes authentiquement Chrétiennes ; via la sincère repentance et à l'obéissance à JESUS CHRIST LA LUMIERE du monde !

Explicitement, le but est de créer, de maximiser et d'immortaliser la christianisation et la sanctification des Nations, des peuples et des personnes. En évangélisant le genre humain dans l'intérêt de les dissuader d'arrêter dès maintenant  de vivre vicieusement donc païennement, afin de les persuader de commencer dès maintenant  à vivre vertueusement donc Chrétiennement ; via la guidance et le leadership du SAINT-ESPRIT dont la source est JESUS CHRIST de Nazareth !

C'est dans ce sens que LE MESSIE lui-même proclame : << […] Ce ne sont pas ceux qui se portent bien qui ont besoin de médecin, mais les malades. Je ne suis pas venu appeler les justes, mais les pécheurs. >> **MARC 2 : 16 , 17.**

En outre, JESUS CHRIST l'unique MEDIATEUR entre nous les Hommes et DIEU LE CREATEUR rajoute : << De même, je vous le dis, il y aura plus de joie dans le ciel pour un seul pécheur qui se repent, que pour quatre-vingt-dix-neuf justes qui n'ont pas besoin de repentance. >> **LUC 15 : 7.**

Mieux encore, L'AMEN, LE VERITABLE TEMOIN FIDELE, LE COMMENCEMENT DE LA CREATION DE DIEU : JESUS CHRIST  nous exhorte : << Voici, je me tiens à la porte et je frappe. *(À travers mes disciples de par le monde, j'Evangélise persévéramment à toute l'humanité.)* Si quelqu'un entend ma voix *(mes enseignements, mes Lois, mes recommandations, mes exhortations, mes conseils et mon mode de vie)* et ouvre la porte *(de son cœur et de son âme en m'acceptant comme DIEU)* j'entrerai chez lui, je souperai avec lui et lui avec moi *(je prendrai personnellement, royalement et éternellement soin de lui ; car il savourera interminablement avec moi mon Majestueux et Glorieux Héritage Divin […]* >> **APOCALYPSE 3 : 20 – 22.**

**_REMARQUE_** : *Toutes les phrases écrites en italiques et entre parenthèses dans cet ouvrage sont des ajouts hors textes Bibliques. Elles ont juste pour rôle d'expliciter les versets Bibliques afin de faciliter la compréhension de l'enseignement véhiculé !*


**'' Que le SANG SURPUISSANT et le NOM TOUT-PUISSANT du SEIGNEUR JESUS CHRIST produise en vous le baptême de la visitation, de l'habitation, de la régénération et de l'immortalisation du SAINT – ESPRIT ; afin que vous puissiez désormais et à jamais vivre en total accord avec lui !!! AMEN !!! ''**

# PREFACE

EN tant que serviteurs et servantes, soldats et soldates, chrétiens et chrétiennes, imitateurs et imitatrices, donc brebis de JESUS CHRIST, il est hors de question que nous cautionnons la déchristianisation du monde et de l'humanité. Mieux encore, il est inenvisageable que nous acceptons la Satanisation, dont la paganisation des Etats, des peuples et des personnes. De ce fait, en tant qu'enfants de LA LUMIERE du monde qu'est JESUS CHRIST, nous avons le devoir de propager sa lumière salvatrice et nourricière dans le monde ; via l'Evangélisation authentique et la pratique journalière de cette Evangélisation faisant ainsi office de mode de vie nommé la Chrétienté.

Ainsi, étant des habitants de ce monde injuste, inculte et occulte, nous constatons que le mal, le péché est ancré la moralité, dans les observations, les entendements, les paroles, les choix et dans les actions des Hommes. Ce qui engendre inéluctablement le mode de vie vicieux, mondain et païen.

Dès lors, il est sage et bénéfique pour chacun de nous de croire aux prophéties Divines surtout celles apocalyptiques car elles sont inévitables. A ce propos, le légendaire apôtre Paul formule : << Et comme il est réservé aux Hommes de mourir une seule fois, après quoi vient le jugement. >> **HEBREUX 9 : 27.** A ce propos, le personnage charnel et inintelligent que je suis sait pertinemment et croit fermement à cette réalité ; car je vois les contemporains de tous âges, de tous sexes et de toutes races décédés journellement. Et par conséquent je sais que mon tour est à venir, parce que je ne suis pas supérieur à ces regrettées personnes.

De ce fait, si nous sommes conscients de cette réalité qu'est la mort, à combien plus forte raison nous devons l'être en ce qui concerne le jugement qui sera extrêmement complexe pour chacun de nous comme l'atteste l'apôtre Pierre qui prophétise : << Car c'est le moment où le jugement va commencer par la maison de DIEU. Or si c'est par là nous qu'il commence, quelle sera la fin de ceux qui n'obéissent pas à l'Evangile de DIEU ? Et si le juste se sauve avec peine, que deviendront l'impie et le pêcheur ? >> **1 PIERRE 4 : 17, 18.**

Toutefois, en connaissance de cause, nous avons coutume de dire que les prisons carcérales humaines sont infernales ; à cause des multiples et diverses atrocités qui s'y déroulent. Ainsi, quel adjectif, quel néologisme pouvons-nous employer pour qualifier la prison carcérale du CREATEUR ? Prison carcérale que son SAINT SERVITEUR nomme :'' La géhenne. '' La géhenne, lieu de tourments inédits où règnent les écoulements de larmes et de morves, les hurlements de douleurs tortueuses, les grincements de dents, les gémissements de regrets et de remords, les agonies de supplices, de souffrance et de malheur éternels. A ce propos, à cause de l'extrême désolation de cette prison apocalyptique, grâce à son vœu de nous immuniser contre ce funeste destin ; le SAUVEUR JESUS CHRIST est venu ici-bas nous montrer comment échapper à ce lieu de malédictions. C'est la raison pour laquelle, il nous enseigne en nous interrogeant : << Et que sert-il à un Homme de gagner tout le monde s'il perd son âme ? >> **MARC 8 : 36.** Quiconque a des oreilles pour entendre, entende et du discernement pour comprendre, comprenne !

A cet effet, la quintessence du Christianisme c'est l'obéissance, la soumission, la repentance et la sanctification en JESUS CHRIST. Ainsi, ce livre aborde 13 thèmes d'une sincère, profonde et féconde repentance agréé par L'UNIQUE MEDIATEUR entre nous les créatures et DIEU LE CREATEUR. Ces conseils concrets nous permettent de méditer sur la nature et le rôle de nos actes présents, qui influenceront notre destination future : soit le Ciel, soit la Géhenne !

Cependant, devenir une brebis de CHRIST et vivre désormais en adéquation avec lui via la Chrétienté n'est nullement une contrainte, ni un chantage, encore moins une menace ; puisque libre à chacun d'utiliser son libre-arbitre comme bon lui semble. Néanmoins, il est question pour nous de perpétrer l'œuvre de notre BERGER qui est celle d'Evangéliser, d'exhorter, de renseigner les humains afin qu'ils deviennent ce pourquoi ils ont été créé ; en l'occurrence, « les enfants de DIEU » dans cette vie factice et éphémère comme dans celle réelle et éternelle !

A ce propos, le MESSIE nous exhorte : << Dès ce moment, JESUS commença à prêcher et à dire : « Repentez-vous car le royaume des cieux est proche ! »*(Repentez-vous car votre mort, votre jugement et la géhenne sont proches.) (Abandonnez votre amour pour ce monde démoniaque et servez CELUI à qui vous devez absolument tout ; et c'est ainsi que vous vivrez avec moi dans une plénitude, une béatitude, un bonheur ineffable et inégalé dans le vrai monde auprès du Seul vrai DIEU)*>> **MATTHIEU 4 : 17.**

En somme, nous avons infiniment tout à gagner en servant JESUS CHRIST, mais nous avons surtout infiniment tout à perdre en servant Satan en vivant conformément avec les multiples lois et les diverses passions du Monde. Contrairement au Menteur Lucifer, LE SEIGNEUR JESUS CHRIST nous dit toujours la vérité comme à l'exemple de sa célèbre leçon intitulée « Le riche et Lazare » **LUC 16 : 19 – 31.**

**'' Que le SEIGNEUR JESUS CHRIST produise en vous le zèle de le servir en esprit et en vérité, maintenant et éternellement !!! AMEN !!!**

# THEME 1 : SATAN EST MAUVAIS ! LETTRE DU DIABLE A L'HUMANITE

MEs pires ennemi(e)s : l'espèce humaine, créatures privilégiées de DIEU LE CREATEUR ! Je vous hais de toutes mes forces et je désir vous arracher de l'amour du CHRIST. Lui qui s'est laissé crucifier par amour intarissable pour vous, race mortelle, impure et ingrate. Lui qui a réalisé le sacrifice expiatoire pour le pardon et l'effacement de vos multiples et diverses abominations journalières. Faveurs que mes acolytes les démons et moi ne possédons et ne possèderons jamais !

C'est la raison pour laquelle je vous hais de tout mon être, d'une haine apocalyptique d'où ma résolution de vous anéantir, de vous faire souffrir, pleurer, agoniser dans la souffrance et le malheur !

Vous allez vous entre-tuer en vivant les uns contre les autres et les uns sur les autres, dans la méchanceté, la cruauté, la violence, l'avidité, le mensonge, la colère et tous les interdits contenus dans le Livre sacré qu'est la Sainte Bible. Ecritures que je n'arrive toujours pas à travestir vicieusement, mais j'y travaille sérieusement !

Cette dernière que vous méprisez tant et je vous en remercie infiniment ; puisque moins vous en connaissez son vital contenu vertueux et plus je vous marionnettise par mes multiples passions vicieuses ! *(rire narquois !!!)*

Les famines, les maladies, les guerres, le chaos et le malheur seront votre quotidien !

Vous êtes à moi, vous êtes à ma merci, vous êtes sous ma domination anarchique, libertine et malsaine. Et par conséquent, vous êtes mes esclaves, mes marionnettes, votre obéissance à mes lois fondamentalement occultes m'honore *(rire narquois !!!)*

Je vous remercie infiniment pour votre aveuglement, votre traitrise, votre orgueil, votre arrogance et votre ignorance spirituelle ; or le CHRIST vous a pourtant obtenu et donné le pouvoir de me museler et de me réduire à néant. Mais votre orgueil vous leurre et joue pleinement en ma faveur *(rire narquois !!!)*

Votre refus catégorique, hypocrite et arrogant de croire en ce qui est humble, vrai, assagissant vous garde dans la stupidité, l'impiété générale et individuelle. Et par conséquent, c'est grâce à vous que je domine méchamment et injustement le monde ; et je vous en remercie infiniment chères marionnettes *(rires narquois !!!)*

Je vais vous détruire, d'ailleurs nombreux d'entre vous meurent et vont davantage mourir dans leurs péchés mortels. Je vous détournerai de la voie du CHRIST en vous encourageant à le désobéir via la résidence de mes démons dans vos corps et dans vos vies ; afin que vous vivez passionnément et journellement dans mes vices jouissifs mais puissamment nocifs *(rires narquois !!!)*

Et c'est de la sorte que vous deviendrez des ennemi(e)s de L'ETERNEL comme mes démons et moi-même le sommes. Et c'est ainsi que je réussirai à aspirer nombreux parmi vous avec moi dans la géhenne, la douleur et le malheur éternel. Tel est mon ultime objectif, telle est ma raison d'exister et j'y consacre absolument toutes mes ressources pour sa réalisation. Qu'importe les moyens et la manière je vous absorberai massivement ! Paroles du MENTEUR, Du VOLEUR, du TRICHEUR et du DESTRUCTEUR que je suis !!!

Merci de ne pas croire à l'existence du BON DIEU car lui il est BON, la preuve mes agents démoniaques et moi-même sommes toujours en vie et en liberté. En outre, il est BON car il vous protège tous autant que vous êtes sur Terre, méchants comme bons…

Merci de ne pas croire en JESUS CHRIST LA LUMIERE du monde, l'unique médiateur entre vous les créatures et DIEU LE CREATEUR !

Merci d'attrister, de renier et de vous révolter contre le Saint-Esprit qui vous est destiné afin d'immuniser vos vies de mon influence occulte et ravageuse *(rire narquois !!!)*

Merci de ne pas et de ne plus lire la Sainte Bible !

Merci de ne pas et de ne plus prier !

Merci de ne pas et de ne plus jeûner !

Merci de ne pas et de ne plus adorer le SEIGNEUR via les louanges inspirées du Saint-Esprit !

Merci de chanter et de danser ma musique mondaine qui pollue vos âmes et vous détourne du BERGER JESUS CHRIST !

Merci d'obéir à mes lois injustes, incultes et occultes de ce bas monde !

Merci de désobéir aux maximes Bibliques, en vivant comme vous voulez, en faisant fièrement ce qu'elles vous recommandent de ne pas faire. Et c'est exactement ce que j'attends de vous chers esclaves *(rire narquois !!!)*

Merci de ne pas respecter ni aimer votre prochain !

Merci de vous laisser séduire par mes plaisirs charnels !

Merci d'avoir désacralisé la sexualité pour en faire une activité professionnelle et de divertissement !

Merci d'avoir désacralisé le mariage entre l'homme et la femme !

Merci d'avoir officialisé l'un de mes chefs d'œuvre : le mariage entre les mêmes sexes, entre les humains et les animaux, entre les humains et les objets ! *(rire narquois !!!)*

Merci d'avoir légalisé un de mes favoris : la légalisation, la promotion et la protection de l'abominable mouvement LGBTQI+ *(rire narquois !!!)*

Merci d'avoir instauré la rivalité entre la femme et l'homme dans la société et même dans le mariage !

Merci de tuer vos enfants dans le ventre de leurs mères via les avortements devenus légaux !

Merci de changer de sexe !

Merci de travestir l'Eglise en permettant et en faisant ce qui est strictement interdit dans la Sainte Bible !

Merci de vous entre-tuer en vous faisant la guerre sur toutes ses formes !

Merci de ne jamais accepter la vérité !

Merci de croire uniquement à ce que vous voyez et touchez !

Merci de croire en vous-même impuissants et éphémères que vous êtes !!!

Merci de penser que vous avez le temps !

Merci de ne jamais demander pardon car le faire est synonyme de faiblesse !

Merci de vous montrer forts alors que vous êtes totalement faibles !

Merci de ne pas demander de l'aide alors que vous en avez vitalement besoin !

Merci de ne plus confesser vos péchés !

Merci de vous suicider massivement !

Merci de ne plus culpabiliser, de ne plus éprouver de la honte, des regrets et des remords lorsque vous commettez passionnément le MAL !

Merci de ne plus vous agenouiller devant JESUS CHRIST le rédempteur de vos âmes pathétiques !

Merci de rejeter toutes mes créations exécrables sur DIEU. Merci de le tenir pour responsable de la déchéance du monde lui qui n'y est pour rien *(rires narquois !!!)*

Merci de m'avoir voté comme votre dieu et merci de l'avoir renier comme tel !

Merci de ne plus différencier le bien et le mal !

Merci car vous acceptez tout et du n'importe quoi, ce qui rend votre manipulation de plus en plus facile *(rires narquois !!!)*

Merci de m'adorer dans mes temples sataniques !

Merci de me laisser puiser vos énergies via les réseaux sociaux !

Merci de me laisser voler vos bénédictions via vos modes de vie luxurieux !

Merci de mentir et de vous vanter à outrance !

Merci pour votre duplicité !

Merci pour vos doubles, vos triples vies !

Merci pour votre mutisme face à la vérité et à la justice !

Merci d'être ami(e)s du monde et par conséquent ennemi(e)s de DIEU !

Merci pour votre idolâtrie sur toutes ses formes !

Merci pour votre divination des Hommes comme vous !

Merci pour l'implantation massive et la promotion active de mes sociétés occultes dont les sectes pernicieuses *(rires narquois !!!)*

Merci pour votre orgueil et votre arrogance démentiels *(rires narquois !!!)*

Merci de ne pas vous montrer dignes du sacrifice glorieux de JESUS CHRIST *(rires narquois !!!)*

Merci de m'adorer moi qui n'a jamais rien fais de bien pour vous et surtout merci d'haïr le SEIGNEUR lui qui se tue journellement à vous faire du bien à temps et à contre temps *(rires narquois !!!)*

Merci infiniment car mon ministère mondain, vicieux et démoniaque fonctionne parfaitement grâce à vous seuls ! Je suis heureux et mon bonheur c'est la réussite de vous rendre malheureux *(rires narquois !!!)*

Merci infiniment car grâce à votre ingratitude et votre stupidité ahurissantes, je parviens facilement à vous déraciner de votre SOURCE : DIEU LE CREATEUR.

A vous détourner de votre BERGER : JESUS CHRIST. Et à vous déconnecter de votre CONNECTEUR SPIRITUEL : LE SAINT-ESPRIT *(rires narquois !!!)*

Merci infiniment de ne jamais envisagé de suivre et de servir JESUS CHRIST, car il  empêchera que je vous séduise et détruise ; alors que vous infligez le même malheur éternel que moi, tel est mon plan, telle est ma volonté la plus chère *(rires narquois !!!)*

Votre chef mondain, le Chérubin déchu Satan le Diable !!!

Source : https://www.youtube.com/watch?v=kYrmsWV5xJc

Dès lors, voilà les projets de Satan pour chacun d'entre nous ! Voici le dédain que l'ennemi a pour le genre humain ! Ainsi, face à cette déclaration de guerre Diabolique, que comptez-vous faire ? Capitulez devant Satan ou guerroyez en JESUS CHRIST ?

Voici la fin du discours : << Soyez sobres, veillez. Votre adversaire le Diable rôde comme un lion rugissant cherchant qui il dévorera. Résistez-lui avec une Foi ferme, sachant que les mêmes souffrances sont imposées à vos frères dans le monde. >> **1 PIERRE 5 : 8 , 9.**

<< Soumettez-vous donc à DIEU ; résistez au Diable et il fuira loin de vous ! >> **JACQUES 4 : 7.**

'' Quiconque a des oreilles pour entendre, entende et du discernement pour comprendre, comprenne ! ''

# THEME 2 : LE DECHAINEMENT  DIABOLIQUE

S Atan et ses fidèles serviteurs humano-démoniaque ne dorment jamais, car veillent journellement afin de créer, d'intensifier et d'immortaliser leur climat maléfique, macabre, mortuaire et malheureux dans le monde entier. De nos jours, ils sont de plus en plus insomniaques car œuvrent farouchement dans l'optique de paganiser et de sataniser toute l'humanité. Ainsi, ils s'échinent malsainement pour continuer et même davantage à endormir les Hommes dans la léthargie Diabolique. En outre, ils s'efforcent de continuer et même davantage à esclavager démoniquement le genre humain. Mieux encore, ils persévèrent pour continuer et même davantage à détourner la race humaine de DIEU LE CREATEUR via le puissant et dévorant fléau planétaire qu'est le paganisme.

De ce fait, leur amertume envers l'humanité augmente drastiquement et journellement, tout simplement parce que malgré leur effort à modifier et à supprimer leur funeste dénouement prophétisé par L'ETERNEL, notamment dans le livre de l'Apocalypse, ces derniers continuent à échouer dans ce sens. Et par conséquent, ils sont totalement angoissés, frustrés, enragés et à cours de temps ; car leur fin et celui de leur règne malfaisant sont déjà actés. C'est la raison pour laquelle l'apôtre Jacques atteste : << Tu crois qu'il y a un seul DIEU, tu fais bien, les démons le croient aussi et ils tremblent. >> **JACQUES 2 : 19.**

A cet effet, la société actuelle nous présente le Diable tel un être viril qui maitrise absolument tout ce qu'il fait, or la réalité est tout contre comme l'apôtre Jacques l'a révélé ci-dessus. Ainsi, Satan le gouvernant de ce monde injuste, inculte et occulte est un être apeuré, triste, seul, frustré et hanté par le ténébreux, le tortueux et le malheureux dénouement de son existence. C'est cette frustration à nulle autre pareille qui alimente exponentiellement sa haine maléfique et viscérale contre l'humanité. Cette dernière qui peut si elle le souhaite, échapper à ce maudit sort apocalyptique décrit dans les Saintes-Ecritures. **APOCALYPSE 20 : 1 – 15.** Elle peut l'échapper si elle le souhaite à condition de se repentir sincèrement en divorçant définitivement avec le mode de vie païen préconisé par cette société mondaine. Et surtout, en se mariant et en obéissant au mode de vie recommandé par le SEIGNEUR par le biais des maximes Bibliques. **1 THESSALONICIENS 4 : 3 – 9.**

Dès lors, analysons trois points illustrant comment Satan LE PERE DU MENSONGE manifeste son déchainement maléfique sur la race humaine. Il s'agit notamment de :

- ➢ L'AVERSION DE L'EVANGILE
- ➢ LE GRANDISSEMENT DE L'OEUCUMENISME
- ➢ LE RUISSELEMENT DU SANG


## ❖ <u>L'AVERSION DE L'EVANGILE</u> :

Depuis la genèse du système diabolique jusqu'à nos jours, Satan s'efforce à nous faire croire que le but de la vie c'est de rechercher et de posséder les richesses terrestres ; afin d'assouvir les plaisirs charnels. En d'autres termes, le MENTEUR, LE VOLEUR et LE DESTRUCTEUR Satan formule : << Le but de la vie, c'est d'être riche, puissant et célèbre quel que soit la manière et les moyens ; puisque tout est permis et tout est utile pour l'accomplissement de ce but ! >> Ce crédo est un odieux mensonge, similaire au mensonge originel dans l'Eden qui d'ailleurs la cause de la putréfaction du monde entier.

A cet effet, le problème c'est que la majeure partie de l'humanité plébiscite ce démoniaque décret mensonger ; et par conséquent acceptent fièrement et diligemment d'adopter les lois et le mode de vie recommandés par le Diable à savoir le paganisme. Ainsi, cette fable mensongère créée un climat d'envoutement démoniaque des Hommes ; enfantant une attitude d'imitation et de compétition malsaines entre les humains. Et ce qui engendre la vie de ces derniers, les uns sur les autres et les uns contre les autres ; d'où les multiples et diverses horreurs omniprésentes dans la société mondiale et tout ceci aux noms de l'argent, du pouvoir et de la gloire.

De ce fait, cette même majorité humaine refuse violemment de connaitre, d'évaluer, de méditer et de pratiquer les Lois du HEROS JESUS CHRIST ; en l'occurrence le véritable Christianisme décrit dans les Saintes-Ecritures. A ce propos, toujours cette même majorité humaine, amoureuse du monde et des choses présentes dans le monde perçoit l'authentique Chrétienté tel l'obstacle à leur épanouissement. Mieux encore, il est le poison mortel pour leurs vies païennes et donc il est hors de question de s'y intéresser et de s'y rapprocher même pas par curiosité.

En somme, comme les forces démoniaques sont totalement allergiques au TOUT-PUISSANT, au nom DIVIN de JESUS CHRIST de Nazareth ; de la même manière, cette majeure partie humaine est totalement allergique à l'Evangile. C'est la raison pour laquelle le légendaire apôtre Paul affirme : << Car il viendra un temps où les Hommes ne supporteront pas la saine doctrine, mais ayant la démangeaison d'entendre des choses agréables, ils se donneront une foule de docteurs selon leurs propres désires, détourneront l'oreille de la vérité et se tourneront vers les fables. >> **2 TIMOTHEE 4 : 3 , 4.**

En revanche, souvenons-nous que Satan n'a jamais dit la vérité et ce n'est guère maintenant qu'il va commencer à le faire. A ce propos, MENTEUR et DESTRUCTEUR qu'il est, via un puissant climat démoniaque, il réussit à empoissonner drastiquement les mentalités humaines afin de nous maintenir et surtout de nous assassiner dans l'immense piège qu'est le paganisme.

 De ce fait, le chérubin déchu est déchainé plus que jamais et connait la quintessence dont l'effet sanctificateur des maximes Bibliques comme l'indomptable apôtre Paul le confirme : << […] Toute Ecriture est inspirée de DIEU et utile pour enseigner, pour convaincre, pour corriger, pour instruire dans la justice ; afin que l'Homme de DIEU soit accompli et propre à toute bonne œuvre. >> **2 TIMOTHEE 3 : 15 – 17.**

A cet effet, pour le Diable, il est inenvisageable qu'une telle révolution spirituelle et qu'une telle transformation sociale se produisent en chacun de nous. D'où son déchainement, son insistance, et sa persistance sur les multiples besoins et les diverses difficultés de la vie ; dont les humains s'y focalisent entièrement sur l'éphémérité de la vie et oublient complètement l'éternité de la vie. Cette dernière qui est ou sera soit infiniment malheureuse, soit infiniment heureuse ; tout dépend du choix de nos modes de vie actuel !

## ❖ <u>LE GRANDISSEMENT DE L'OEUCUMENISME</u> :

L'œcuménisme, telle est la dernière création religieuse à succès de Satan. Par définition, l'œcuménisme est la fusion du paganisme corrosif et du christianisme travestit afin de mener une vie propre aux desseins humains, soit disant cautionnée et bénie par JESUS CHRIST ! Christianisme travestit toujours par le Diable et ses fidèles troupes humano-démoniaques ; puisqu'ils se sont et continuent davantage à s'infiltrer dans la Chrétienté dans l'optique d'enseigner au monde entier, les préceptes hors Evangiles, et d'inculquer les enseignements des Hommes occultes sur ordre Diabolique. Ceci dans le but de créer, de développer et d'immortaliser la paganisation de toute l'humanité. La paganisation elle qui consiste justement à mener un mode vie païen, impie, mondain, vicieux, démoniaque et abominable.

A cet effet, c'est cette gangrène œcuméniquo-paganique qui pousse l'indomptable apôtre Paul à nous avertir, à attirer notre attention sur l'extrême dangerosité de ce sortilège. Ainsi il nous exhorte : << […] Je m'étonne que vous vous détourniez si promptement de celui qui vous a appelés par la grâce de CHRIST pour passer à un autre Evangile. Non pas qu'il y ait un autre Evangile, mais il y a des gens qui vous troublent et qui veulent renverser l'Evangile de CHRIST. Mais quand nous-mêmes, quand un ange du ciel annoncerait un autre Evangile que celui que nous vous avons prêché, qu'il soit anathème ! Nous l'avons dit précédemment et je le répète à cette heure : si quelqu'un vous annonce un autre Evangile que celui que vous avez reçu, qu'il soit anathème ! […] Je vous déclare frères (*et sœurs*) que l'Evangile qui a été annoncé par moi n'est pas de l'Homme ; car je ne l'ai pas reçu ni appris d'un Homme, mais par une révélation de JESUS CHRIST […] >> **GALATES 1 : 1 – 24.**

Dès lors, étant une doctrine maléfique et mensongère, l'œcuménisme stipule que l'on peut à la fois être musulman et Chrétien, judaïque et Chrétien, polythéiste et Chrétien, animiste et Chrétien, donc païen et Chrétien. En outre l'œcuménisme formule que l'on peut à la fois être LGBTQI+ et être enfant de DIEU. Que l'on peut à la fois être débauché(e) et être fils & filles de L'ETERNEL. Que l'on peut à la fois être criminel qu'importe la spécialisation du crime et être brebis du SEIGNEUR JESUS CHRIST etc. C'est improbable, infaisable et impossible comme lui-même le MESSIE le confirme : << Nul ne peut servir deux maitres, car où il haïra l'un et aimera l'autre, où il s'attachera à l'un et méprisera l'autre. Vous ne pouvez servir DIEU et Mammon. >> **MATTHIEU 6 : 24.**

De ce fait, les œcuménistes croient fermement à ce mirage car véhiculent tous le même slogan : « DIEU aime tout le monde car il est bon ! » Certes il est infiniment BON, mais il est aussi infiniment JUSTE et par conséquent fidèle à sa personnalité et à son ministère. C'est d'ailleurs dans ce sens que le légendaire apôtre Paul formule : << Cette parole est certaine : « si nous sommes morts avec lui, nous vivrons aussi avec lui, si nous persévérons, nous régnerons aussi avec lui, si nous le renions, lui aussi nous reniera ; si nous sommes infidèles, il demeure fidèle car il ne peut se renier lui-même […] le SEIGNEUR connait ceux qui lui appartiennent et quiconque prononce le nom du SEIGNEUR, qu'il s'éloigne du mal ! >> **2 TIMOTHEE 2 : 11 – 19.** Quiconque a les oreilles pour entendre, entende et du discernement pour comprendre, comprenne !

D'une manière générale, l'œcuménisme est comme un feu de forêt qui consume considérablement bon nombre d'individus, notamment les agnostiques ainsi que les religieux. Ces derniers qui de lundi à samedi pratiquent le mode de vie païen, mais le dimanche, ils font semblant de pratiquer le mode de vie chrétien. C'est dans ce sens que le redoutable apôtre Paul dévoile : << Ils font profession de connaitre DIEU, mais ils le renient par leurs œuvres, étant abominables, rebelles et incapables d'aucune bonne œuvre. (*Ils ont l'apparence et donnent l'impression de servir DIEU, mais ils se moquent totalement de le servir et mènent fièrement une vie païenne* >> **TITE 1 : 16.** Ainsi, à cause de cette machination diabolique qu'est l'œcuménisme, Satan réussit à égarer tellement de personnes.


### ❖ <u>LE RUISSELEMENT DU SANG</u> :

L'Ennemi sait fort bien que son funeste dénouement apocalyptique arrive à pas de guépard, et par conséquent il se déchaine de manière sanglante et mortuaire sur la race humaine elle qui peut échapper à ce maudit sort. A cet effet, il excelle dans l'abondante pratique de sa méchanceté et de sa cruauté sur l'humanité afin de nuire et de détruire le maximum de vies humaines. A ce propos, plus que jamais, les Hommes vivent les uns contre les autres et les uns sur les autres à travers les divers et les multiples crimes et injustices à n'en plus finir.

En outre, nous vivons actuellement les signes prémonitoires d'une troisième guerre mondiale qui risque d'être plus longue et plus dévastatrice que les précédentes. Ainsi, dans tous les coins et recoins du globe terrestre, Satan et ses suppos humano-démoniaques propagent virulemment leur influence mortuaire en faisant énormément couler le sang humain et même celui animal. Déchainés, enragés et frustrés, ils s'en prennent à toutes les créations du CREATEUR résident dans la planète.

De ce fait, le Diable sait pertinemment que l'enlèvement Christique est pour bientôt et inéluctablement sa neutralisation et son incarcération millénaire également. Cette réalité qu'il ne peut et ne pourra jamais ni retarder, ni empêcher, ni échapper l'exaspère au plus haut point comme l'apôtre Jean le mentionne dans **APOCALYPSE 20 : 1 – 15.**

Voici la fin du discours : << Le Diable et ses fidèles serviteurs donc les satanistes et les démons, sont des terroristes qui œuvrent farouchement et journellement afin de nous précipiter avec eux dans le malheur éternel ! >>

<< Il est hors de question que nous travestissons l'Evangile uniquement parce qu'il offense sérieusement cette génération perverse, pécheresse et méchante. Et par conséquent, ce que le CREATEUR a interdit reste interdit et ce qu'il a recommandé reste d'actualité ; car il est le même hier, aujourd'hui et éternellement ! >>

<< Soyez sobres, veillez. Votre adversaire le Diable rôde comme un lion rugissant, cherchant qui il dévorera. Résistez-lui avec une Foi ferme, sachant que les mêmes souffrances sont imposées à vos frères dans le monde. >> **1 PIERRE 5 : 8 , 9.**

'' Quiconque a des oreilles pour entendre, entende et du<br>
discernement pour comprendre, comprenne ! ''

# THEME 3 : LA LOYAUTE  CHRETIENNE

Est Chrétien, chrétienne toute personne ayant refusée de capituler devant Satan, donc décidée de guerroyer en JESUS CHRIST ; tout en étant intègre, fidèle et loyale envers DIEU LE CREATEUR ! DIEU LE TOUT-PUISSANT fait toujours ce qu'il dit, mais ne dit jamais ce qu'il fait, n'explique jamais pourquoi il permet souvent la cruauté Diabolique traumatiser nos vies. Face à cette attitude Divine, nous trouvons souvent qu'il est dur, insensible, indifférent et même méchant envers nous ! A cet effet, tous ceux qui veulent vivre pieusement en JESUS CHRIST seront persécutés ! Telle est la stricte réalité que le légendaire apôtre Paul dévoile dans **2 TIMOTHEE 3 : 12.** Ainsi, les persécutions sont synonymes de feu dévorant, de souffrance, de douleur et de malheur.

Cependant, pourquoi sommes-nous persécutés ? Nous le sommes parce qu'en connaissance de cause, nous avons décidé de servir le SEIGNEUR JESUS CHRIST en esprit et en vérité ; en adoptant le mode de vie en osmose avec ces recommandations ! Par qui sommes-nous persécutés ? Nous le sommes par Satan le Diable et par ses adeptes humano-démoniaques qui refusent catégoriquement que l'on s'enracine en JESUS CHRIST ! Quel est le but de ces persécutions ? Elles ont pour but de nous persuader que nous avons fait le pire choix en servant le MESSIE ! D'autre part, elles ont pour but de nous punir pour avoir osé se rebeller contre son infâme ministère injuste, inculte et occulte ; dans l'optique de nous injecter le virus apostasique et ainsi engendrer  la trahison, l'infidélité, la déloyauté et le reniement de la Chrétienté !

A ce propos, ce sont ces persécutions sataniquo-démoniaques que l'ancêtre David nomme : « La vallée de l'ombre de la mort » car cette dernière est tortueuse et angoissante, surchargée de souffrances, de douleurs et de malheurs. Et c'est à cause de cette traumatisante vallée de l'ombre de la mort que plusieurs renient la Chrétienté et se vautrent dans l'œcuménisme paganique. Mais malgré ces multiples, sévères, diverses et douloureuses persécutions, l'ancêtre David nous montre l'exemple de la pratique de la loyauté Chrétienne. A cet effet, il affirme : << […] Quand je marche dans la vallée de l'ombre de la mort, je ne crains aucun mal car tu es avec moi, ta houlette et ton bâton me rassurent […] oui le bonheur et la grâce m'accompagneront tous les jours de ma vie et j'habiterai dans la maison de L'ETERNEL jusqu'à la fin de mes jours *(quel que soient les persécutions auxquelles je suis exposées, je les supporte car DIEU LE CREATEUR est avec moi ; et malgré ces supplices qui m'assaillent je le servirai donc resterai Chrétien jusqu'à ma mort !)* **PSAUMES 23 : 1 – 6.**

De ce fait, c'est toujours à cause de ces tourments que de nombreuses personnes refusent d'imiter, d'endurer ces dernières comme le patriarche David le fit. Et par conséquent, elles se déracinent de la SOURCE DIEU LE CREATEUR. Elles se détournent du BERGER JESUS CHRIST. Et elles se déconnectent du CONNECTEUR SPIRITUEL LE SAINT-ESPRIT. Or se comporter de la sorte est la pire chose à faire, car en le faisant, on n'a que des résidus éphémères à gagner, mais des félicités éternelles à perdre. Cette transhumance est le pire investissement qu'un humain puisse faire dans sa vie comme l'apôtre Pierre le souligne : << En effet, si après s'être retirés des souillures du monde par la connaissance du SEIGNEUR et SAUVEUR JESUS CHRIST, ils s'y engagent de nouveau et sont vaincus, leur dernière condition est pire que la première […] Il leur est arrivé ce que dit un proverbe vrai : « Le chien est retourné à ce qu'il avait vomi et la truie lavée s'est vautrée dans le bourbier » >> **1 PIERRE 2 : 20 – 22.**

Par ailleurs, en tant que brebis du BERGER JESUS CHRIST, nous avons le devoir de passer par les flammes dévorantes des persécutions au nom de la Chrétienté ; d'ailleurs LE MESSIE le confirme : << Souvenez-vous de la parole que je vous ai dite : « le serviteur n'est pas plus grand que son maitre. S'ils m'ont persécuté, ils vous persécuteront aussi, s'ils ont gardé ma parole, ils garderont aussi la vôtre ! » >> **JEAN 15 : 20.**

Ainsi, dans le Livre des livres qu'est la Sainte Bible, il existe de nombreux cas de loyauté Chrétienne, mais nous allons nous limiter à seulement trois cas exemplaires. Il est question ici des mortels comme nous, exposés aux mêmes besoins humanitaires que nous et en proie aux pires persécutions que les nôtres actuelles ; qui ont décidés de rester fidèles, intègres et loyaux envers LE DIVIN. Nos exemples sont les suivants :

> La loyauté de Job
> La loyauté de Schadrac, Méschac et Abed Nego
> La loyauté du MESSIE JESUS CHRIST


## ❖ <u>LA LOYAUTE DE JOB</u> :

Job fût l'un des premiers mortels à manifester l'intégrité, la fidélité et la loyauté vis-à-vis du TOUT-PUISSANT ; tout en infligeant à Satan une écrasante et humiliante défaite. Presque toute l'humanité connait l'incroyable histoire du fidèle Job contre le Diable, nous sommes tous choqués par la virulence cruelle que le Destructeur déploie sur lui. En outre, nous sommes tous étonnés de son intégrité au point où on s'interroge : « De quoi est fait cet homme ? Comment peut-il supporter de tels supplices insupportables et rester le même ? D'où lui vient cette force intérieure ? » A présent examinons la manifestation de la chrétienté dans ce cas précis :

- Job représente le Chrétien / la chrétienne.
- Les avoirs de Job représentent la prospérité et ses semblables.
- Le Diable demeure et demeurera toujours le haineux destructeur.
- Les destructions du Diable représentent les diverses persécutions.
- La persévérance de Job représente la Foi et la loyauté.
- Les amis de Job représentent les humains qui ne connaissent pas DIEU dont les païens.
- L'épouse de Job représente Satan personnifié.
- L'autorisation destructrice de DIEU représente sa suprématie, sa grâce, son omnipotence et sa moquerie de Satan.
- La persévérance de Job représente l'écrasante et humiliante défaite de Satan
- La restauration de Job représente la récolte de la semence ; en l'occurrence, le salaire de la loyauté envers LE TRES- HAUT. **JOB 1 – 42.**

Ainsi, le PERE du mensonge Satan, réalisant l'authentique amour pour DIEU de Job, décida d'user de sa dernière ruse, en se personnifiant dans le corps de la femme de sa cible principale Job. A travers cette voix féminine attristée par la désolation, Satan dit à Job : << Tu demeures ferme dans ton intégrité ? Maudit DIEU et meurs ! >> Mais Job, en tant que Chrétien en esprit et en vérité se comporte comme tel et répliqua : << « Tu parles comme une femme insensée. Quoi, nous recevons de DIEU le bien et nous ne recevrions pas aussi le mal » ? En tout cela Job ne pécha point par ses lèvres. >> **JOB 2 : 9 , 10.**

A cet effet, nous pouvons donc conclure en disant que Job ne servait pas LE CREATEUR parce que ce dernier assurait sa prospérité, mais parce qu'il aimait ses Lois, il était d'accord avec qu'elles, il aimait la personnalité de son DIEU et il se sentait en sécurité et en paix avec lui. C'est la raison pour laquelle il est resté loyal puisque faire acte de trahison c'est se trahir soi-même, en l'occurrence trahir ses principes et sa moralité. Job avait la même moralité et les mêmes principes que L'ETERNEL, et telle est également la raison pour laquelle Job fût spécial aux yeux du DIVIN. Telle est la raison pour laquelle il fût l'ami privilégié du TRES-HAUT en ces temps lointains. C'est dans ce sens que l'apôtre Jacques nous exhorte : << Approchez-vous de DIEU et il s'approchera de vous. Nettoyez vos mains pécheurs et purifiez vos cœurs Hommes irrésolus. >> **JACQUES 4 :8.**


## ❖ <u>LA LOYAUTE DE SCHADRAC, MESCHAC et ABED NEGO :</u>

En voici également trois hommes, qui ont montré au monde entier quelle est l'attitude, le comportement réel d'un Chrétien. Via leur intégrité et loyauté envers L'INCREE, ce trio a réussi à imposer à l'humanité, le respect, la suprématie, l'omniprésence et l'omnipotence du CREATEUR. Ces individus ayant une éducation spirituelle, ont menés une vie en adéquation avec cette éducation, et ne se sont pas laissés influencés ni par ce que le monde les montrait, ni par ce qu'ils voyaient, ni par ce qu'ils entendaient, encore moins ni pas ce qu'ils vivaient. De vrais hommes spirituels en esprit et en vérité. A présent examinons la manifestation de la loyauté chrétienne dans ce cas :

- Babylone représente le Monde entier.
- Le peuple Babylonien représente les humains.
- Le roi Nebucadnetsar représente Satan le Diable.
- Les convives du roi représentent les forces démoniaques.
- Les soldats du roi représentent les satanistes, occultistes et antéchrists adeptes de Satan.
- La statue divinisée représente le paganisme.
- La fournaise ardente représente les multiples et diverses persécutions.
- L'atroce mort dans la fournaise ardente représente la misère, la souffrance, les carences, les difficultés de la vie, le prolétariat social.
- Leur refus de se prosterner représente la chrétienté.
- Le sauvetage angélique représente la récolte de la semence ; en l'occurrence, le salaire de la loyauté envers LE TRES- HAUT. **DANIEL 3 : 1 – 30.**

Dans cette preuve d'intégrité, Shadrac, Méschac et Abed Nego ont prouvés au monde entier, principalement à toute l'humanité qu'il est bel et bien possible de vivre dans ce monde injuste, inculte et occulte tout en restant fidèle à son identité chrétienne. Cependant, lors de leur procès qui s'est soldé par la peine de mort par combustion il y a un argument consolidateur de la loyauté dont nous devons nous inspirés. A savoir la réplique de Schadrac, Méschac et Abed Nego au roi. Ils affirmèrent : << [...] Nous n'avons pas besoin de te répondre là-dessus. Voici, notre DIEU que nous servons peut nous délivrer de la fournaise ardente et il nous délivrera de ta main ô roi. Sinon *(même s'il ne nous délivre pas de ta fournaise ardente et de ta main)* saches ô roi que nous ne servirons pas tes dieux et que nous n'adorerons pas la statue d'or que tu as élevée. >> **DANIEL 3 : 17 , 18.**

De même, il est injuste de parler de ces trois loyaux serviteurs de L'ETERNEL, sans évoqué leur confrère le prophète Daniel. Ce dernier sous peine d'une mort broyeuse et atrocement douloureuse, n'a jamais renié son DIEU et lui est resté fidèle quel que soit les dangers qu'il en courait. **DANIEL 6 : 1 – 28.**

❖ <u>**LA LOYAUTE DU MESSIE JESUS CHRIST**</u> :

En voici le meilleur et le parfait exemple d'intégrité Chrétienne. L'HOMME par excellence JESUS CHRIST ne fait pas que nous imposer ce que nous devons faire et ne pas faire ; au contraire il nous montre en connaissance de cause l'exemple à suivre en aimant et en faisant ce que LE PERE recommande et surtout en haïssant ainsi et en ne faisant aucunement ce que L'ETERNEL proscrit. L'échec, la honte et l'humiliation que JESUS CHRIST de Nazareth a infligés à Satan via son séjour dans le commun des mortels doivent nous motivés en tant que Chrétiens à faire autant. Explicitement, résistez et combattre le Diable, car il n'est pas invincible comme il en fait la propagande. C'est d'ailleurs dans cette optique que l'apôtre Jacques nous exhorte : << Soumettez-vous donc à DIEU, résistez au Diable et il fuira loin de vous. >> **JACQUES 4 :7.**

De ce fait, à travers la triple tentation Diabolique dans **MATTHIEU 4 : 1 – 11.** LE MESSIE nous montre comment résister à Satan, comment le faire fuir dans nos vies et surtout comment rendre fier LE CREATEUR en restant fidèle à lui. A présent examinons la manifestation de la loyauté chrétienne dans ce cas :

- Le désert représente la vie extrêmement difficile en proie aux carences de toutes sortes ; qui engendrent même parfois les pulsions suicidaires et aboutissent souvent aux suicides.
- L'inanition, la soif, la chaleur, la froideur et la solitude représentent les multiples, diverses et sévères persécutions réservées aux Chrétiens.
- Le Diable représente toujours le haineux destructeur, principal responsable des malheurs de l'humanité.
- La triple tentation Diabolique représente les attractions, les passions et les vices formellement interdits par DIEU.
- JESUS CHRIST représente le Chrétien, la Chrétienne.
- Sa déclinaison de la triple tentation Diabolique représente la Chrétienté et la loyauté Chrétienne.
- Le service des anges représente la récolte de la semence ; en l'occurrence, le salaire de la loyauté envers LE TRES- HAUT.

Ainsi, à travers cet enseignement pratique, le MESSIE nous montre que nous avons le pouvoir Divin de commander Satan et ses troupes démoniaques et ces derniers nous obéiront. LE CHRIST s'exclame : << Retire- toi Satan ! Car il est écrit : « Tu adoreras le SEIGNEUR, ton DIEU et tu le serviras tout seul ! » Alors le Diable le laissa. » Et voici des anges vinrent auprès de JESUS et le servaient. >> **MATTHIEU 4 :10 , 11.**

De même, comme autre exemple de fidélité Chrétienne, nous pouvons citer la chasteté, la fidélité conjugale et l'intégrité spirituelle de Suzanne fille d'Helkias, femme de Joakim. **DANIEL GREC 13 : 1 – 63.**

De plus, comme autre exemple de droiture Chrétienne, nous pouvons citer le procès héroïque du CHRIST devant Ponce Pilate. **MATTHIEU 27 : 1 – 26.**

En outre, comme autre exemple d'intégrité Chrétienne, nous pouvons citer les apôtres Pierre et Jean. **ACTES 3 ; 4 : 1 – 22.**

Mieux encore, comme autre exemple de loyauté Chrétienne, nous pouvons citer les apôtres Paul et Silas. **ACTES 16 : 16 – 40.**

Il y en a tellement de cas similaires tant dans les Saintes Ecritures, tant dans le monde contemporain !

D'une manière générale, restons fidèles, intègres et loyaux aux enseignements Bibliques, ne nous laissons pas et plus guider pas nos propres raisonnements, encore moins par les conseils mondains de nos contemporains païens. Ne nous laissons plus influencer par l'injustice, l'inculture et l'occultisme démentiels qui se pratiquent dans le monde. De même, ne nous laissons plus influencer par ce que nous voyons et attendons dans ce monde démoniaque. Et mieux encore, ne nous laissons plus influencer par les drames et carences intérieurs, poignants et pathétiques que nous vivons dans chacune de nos vies. Mais laissons nous guider par les Lois de JESUS CHRIST. Menons des vies basées sur elles. Restons intègres, fidèles et loyaux en esprit et en vérité envers LE CREATEUR et LE CREDITEUR de toute chose !

Voici la fin du discours : << Mieux vaut mourir en JESUS CHRIST que de vivre en Satan ! >>

<< Vivre en Satan c'est survivre en tant que esclaves du Diable et marionnettes des démons ! >>

<< Souvenez-vous de vos conducteurs qui vous ont annoncé la parole de DIEU, considérez quelle a été la fin de leur vie et imitez leur foi. >> **HEBREUX 13 : 7.**

<< Prenez mes frères pour modèles de souffrance et de patience les prophètes qui ont parlé au nom du SEIGNEUR. Voici nous disons bienheureux ceux qui ont souffert patiemment. Vous avez entendu parler de la patience de Job et vous avez vu la fin que le SEIGNEUR lui accorda, car le SEIGNEUR est plein de miséricorde et de compassion. >> **JACQUES 5 : 10 , 11.**

'' Quiconque a des oreilles pour entendre, entende et du discernement pour comprendre, comprenne ! ''

# THEME 4 : FUYONS LES ANTECHRISTS

NE vous y trompez pas, les mauvaises compagnies corrompent les bonnes mœurs ! **1 CORINTHIENS 15 : 33.** Telle est la réalité que le légendaire apôtre Paul nous rappelle à tous puisque nous le savons très bien ; mais paradoxalement, nous avons tendance à l'oublier si facilement. Ainsi, les antéchrists sont des hommes et des femmes qui pullulent dans ce monde en ayant un ministère de corruption des pensées, des paroles, des choix et des actions ; et par conséquent ils ont une mission de destruction des âmes et des vies. Les antéchrists sont les fléaux de l'humanité !

De ce fait, je pense fermement que les antéchrists sont les apôtres, les disciples, les prophètes, les pasteurs, les évangélistes, les scribes, les chancres et donc les fidèles serviteurs de Satan ; qui ont pour missions d'une part d'attirer, de conformer et d'immortaliser l'humanité dans le puissant feu destructeur qu'est le paganisme. Et d'autre part, ils s'échinent à corrompre, à injecter et à contaminer l'humanité via le virus diabolique qu'est l'apostasie. C'est la raison pour laquelle l'apôtre Jean formule : << Petits enfant, c'est la dernière heure et comme vous avez appris qu'un antéchrist vient, il y a maintenant plusieurs antéchrists ; par là nous connaissons que c'est la dernière heure. >> **1 JEAN 2 : 18.**

En outre, par intelligence et inspiration démoniaques, les fidèles serviteurs de Satan sont les créateurs, les diffuseurs, les promoteurs et les protecteurs du maléfice diabolique qui sont les messages subliminaux. Nous en reparlerons minutieusement dans le thème suivant.

Mieux encore, L'ETERNEL lui-même définit les antéchrists comme suit :<< Malheur à ceux qui appellent le mal bien et le bien mal. Qui changent les ténèbres en lumière et la lumière en ténèbres. Qui changent l'amertume en douceur et la douceur en amertume ! Malheur à ceux qui sont sages à leurs yeux et qui se croient intelligents [...] Qui justifient le coupable pour un présent et enlèvent aux innocents leurs droits !>> **ESAIE 5 : 20 – 23.**

A ce propos, remarquons que dans cette définition, LE TOUT-PUISSANT insiste sur le mot « Malheur » directement suivi d'une catégorie de personnes et par conséquent dans ce contexte, « Malheur » équivaut à « Maudits soient-ils » Ainsi, au nom de quoi devons-nous imiter, suivre et obéir aux personnes maudites par le CREATEUR ? Si nous les obéissons et les idolâtrons, ne sommes-nous pas également éligibles pour bénéficier de ces mêmes malédictions Divine ? Et si LE BON DIEU nous maudit, qui va et qui pourra nous bénir ?

C'est d'ailleurs la raison pour laquelle il est sage, urgent et vital pour nous de fuir ces adeptes du mal, totalement nocifs pour nos vies ; car ces derniers ne vivent que pour nous détruire quel que soient les moyens et la manière. Voilà pourquoi le redoutable apôtre Paul nous exhorte : << […] Otez le méchant du milieu de vous. >> **1 CORINTHIENS 5 : 9 – 13.**

Dès lors dans ce thème, nous allons nous intéresser par les trois principaux groupes constituants les antéchrists à savoir :

> ➢ Les décideurs du monde
> ➢ Les célébrités du monde
> ➢ Les suiveurs du monde


❖ <u>**LES DECIDEURS DU MONDE**</u> :

Tous les décideurs du monde ne sont pas les antéchrists, mais les antéchrists les plus puissants sont les décideurs du monde. Il s'agit des hommes et des femmes occultistes ayant un important pouvoir d'influencer démoniquement, donc négativement les sociétés humaines du monde entier.

De ce fait, ces décideurs diaboliques sont généralement des élites politiques, des scientifiques extraordinairement intelligents, des agents de forces de l'ordre fortement compétents et enfin la quasi-totalité des leaders religieux débordants de savoir et de savoir-faire.

Ainsi, leurs multiples et diverses lois occultes et contre nature engendrent l'exponentiel délitement de la nature humaine. Leurs prouesses scientifiques et technologiques menacent de plus en plus la sérénité humaine. Leur sagacité malsaine à faire régner le désordre, les épidémies, la misère, les guerres, le chaos et le malheur dans les contrées ciblées du monde. Et surtout, leurs travestissements des mœurs, leurs déformations des coutumes Christique et Biblique, ainsi que leurs légalisations, leurs promotions et leurs protections des coutumes Satanique.

A cet effet, ces instructions exécrables proviennent entièrement de leur dieu Satan ainsi que de leurs maitres les démons qui par notre faute, gouvernent vicieusement ce monde, d'où son degré d'injustice, d'inculture et d'occultisme à nul autre pareil. C'est dans ce sens que l'apôtre Jean confirme : << […] le monde entier est sous la puissance du Malin. >> **1 JEAN 5 : 19.**

Néanmoins, en ce qui concerne les décideurs du monde qui ne sont guère des apôtres de Satan. En l'occurrence ces hommes et ces femmes qui s'efforcent à abolir et à condamner les multiples et diverses pratiques occultes et contre nature détruisant la nature humaine. De même, ces hommes et ces femmes qui œuvrent afin d'occire les prouesses scientifiques et technologiques nuisant de plus en plus à l'humanité. De plus, ces hommes et ces femmes qui se battent farouchement pour rétablir l'ordre et ainsi annihiler le chaos dans le monde et surtout veiller à l'évitement des récidives guerrières. Mieux encore, ces hommes et ces femmes qui s'échinent spirituellement à détruire jusqu'aux racines les lois, les desseins et les coutumes Satanique omniprésentes et gangrenant les sociétés humaines du monde entier.

Ainsi, c'est d'ailleurs à propos de ces bons décideurs du monde que l'infatigable apôtre Paul nous exhorte à les aider et à les fortifier davantage afin que leur bon combat puisse absorber le mauvais combat des antéchrists. C'est la raison pour laquelle il nous recommande : << J'exhorte donc avant toutes choses à faire des prières, des supplications, des requêtes, des actions de grâces pour tous les Hommes. Pour les rois et pour tous ceux qui sont élevés en dignité, afin que nous menions une vie paisible et tranquille en toute piété et honnêteté. Cela est bon et agréable devant DIEU notre SAUVEUR. >> **1 TIMOTHEE 2 : 1 – 3.**


❖ <u>**LES CELEBRITES DU MONDE**</u> :

Toutes les célébrités du monde ne sont aucunement de fidèles serviteurs de Satan, mais tous les antéchrists aspirent à la célébrité ; parce que la popularité est une puissante arme de pollution massive des âmes et éminemment une puissante arme de destruction des vies.

Ainsi, ces gens sont plus ou moins glorieux et ayant une grande influence occulte sur l'humanité ; particulièrement dans la vie des personnes qui les écoutent, les suivent et les vénèrent. Ces célébrités démoniaques sont omniprésentes dans tous les domaines de la société à l'instar du domaine sportif, artistique, musical, culturel, éducatif, politique, scientifique, militaire et religieux etc.

De ce fait, ces individus sont d'une nocivité à nulle autre pareille car leur gloire les confèrent une dramatique influence inculte et occulte dans nos vies. En apparence ils n'en ont par l'air, mais ce sont des inhumains, profondément méchants et cruels, haïssant et méprisant avec la dernière intensité le genre humain ; dont la mission principale est de nous esclavager dans le paganisme, ce qui aura pour fruits amères la mort et le malheur éternels. **ESAIE 59 : 7, 8**

Ces suppos de Satan ont en horreur de tout ce qui a trait à JESUS CHRIST, puisqu'ils œuvrent violemment pour travestir et détruire son merveilleux et inestimable héritage qu'est le véritable Christianisme. A titre de rappel, le Christianisme est la doctrine, le mode de vie qui consiste à raisonner, à observer, à écouter, à parler, à dissuader, à persuader, à choisir, à agir et à vivre comme le SEIGNEUR et SAUVEUR JESUS CHRIST.

Par ailleurs, ces antéchrists insultent, blasphèment, se moquent et persécutent JESUS CHRIST ainsi que ces brebis ; pire encore, ils encouragent leurs millions de fans en faire autant d'où le succès planétaire du paganisme. A ce propos, l'indomptable apôtre Paul parle d'eux en ces termes : << Se vantant d'être sages, ils sont devenus fous […] eux qui ont changé la vérité de DIEU en mensonge et qui ont adoré et servi la créature au lieu du CREATEUR qui est béni éternellement. Amen ! […] Comme ils ne se sont pas souciés de connaitre DIEU, DIEU les a livrés à leur sens réprouvé pour commettre des choses indignes. Etant remplis de toute espèce d'injustice, de méchanceté, de cupidité, de malice, pleins d'envie, de meurtre, de querelle, de ruse, de malignité […] Et bien qu'ils connaissent le jugement de DIEU, déclarant dignes de mort ceux qui commettent de telles choses, non seulement ils les font, mais ils approuvent ceux qui les font. >> **ROMAINS 1 : 22 – 32.**


### ❖ <u>LES SUIVEURS DU MONDE</u> :

Telle est la majorité des antéchrists ! Ils sont majoritaires car ce sont des esclaves des décideurs mondains et les marionnettes des célébrités mondaines. Il est question ici des millions, des milliards d'hommes et de femmes qui refusent consciemment de vivre comme le CREATEUR le préconise par le biais du véritable Christianisme définit plus haut. Refusant volontairement de le faire, ces millions et milliards d'hommes et de femmes acceptent diligemment et fièrement de vivre comme le destructeur Satan le désire à travers le pitoyable paganisme. Qui par définition est le mode de vie basé sur l'amour démesuré du péché, la poursuite effrénée du péché, la possession illimitée des richesses et la pratique passionnée du péché ; or le péché, c'est le mal, le mal c'est la manifestation de tout ce qui n'est pas bien en pensées, en paroles et en actions ! **JACQUES 4 : 17.**

Paganisme dont la devise est : « Tout est permis et tout est utile ! » crédo démoniaque que l'infatigable apôtre Paul confirme d'une part en ces termes : << Car il en est plusieurs qui marchent en ennemis de la croix de CHRIST, je vous en ai souvent parlé et j'en parle maintenant encore en pleurant. Leur fin sera la perdition ; ils ont pour dieu leur ventre, ils mettent leur gloire dans ce qui fait leur honte, ils ne pensent qu'aux choses de la terre. >> **PHILIPIENS 3 : 18 , 19.** Et d'autre part, il infirme ce crédo démoniaque en ces termes : << Tout est permis, mais tout n'est pas utile, tout est permis, mais tout n'édifie pas. >> **1CORINTHIENS 10 : 23.**

De ce fait, ces suiveurs mondains, ces millions et milliards de païens sont en réalité nos contemporains donc nos parents et grands-parents, nos frères et nos sœurs, nos cousins et cousines, nos oncles et nos tantes, nos copines et copains, nos fiancées et fiancés, nos épouses et époux, nos enfants et petits-enfants, nos collègues et ami(e)s y compris nous-même donc soi-même. Nous utilisons de la pire des manières notre libre arbitre dans la mesure où nous vivons les uns contre les autres et les uns sur les autres, nous refusons d'imiter le bon exemple, mais nous persévérons dans la pratique du mauvais exemple. Ces habitudes créent un gigantesque brassier mondial appelé « le paganisme » et créent également une planétaire et malsaine épidémie contagieuse appelée « l'apostasie » Résultats : l'humanité se bestialise exponentiellement, le monde est une frayeur et la vie est une horreur. **2 TIMOTHEE 3 : 1 – 5.**

Voici la fin du discours : << Le sage a de la retenue et se détourne du mal, mais l'insensé est arrogant et plein de sécurité (*Le Chrétien a de la clairvoyance et se détourne des antéchrists ; par contre, le Païen a de l'ignorance et l'endurcissement du cœur, ce qui fera toujours de lui une marionnette-esclave des antéchrists !*) >> **PROVERBES 14 : 16**

<< Malheur à vous scribes et pharisiens hypocrites ! Parce que vous fermez aux Hommes le royaume des cieux, vous n'y entrez pas vous-même et vous n'y laissez pas entrer ceux qui veulent entrer […] Vous de même au dehors, vous paraissez justes aux Hommes, mais au-dedans, vous êtes pleins d'hypocrisie et d'iniquité […] Serpents, race de vipères ! Comment échapperez-vous au châtiment de la géhenne ? >> **MATTHIEU 23 : 13 – 33.**

<< […] Que personne ne vous séduise par de vains discours ; car c'est à cause de ces choses que la colère de DIEU viens sur les Fils de la rébellion. N'ayez donc aucune part avec eux […] Car il est honteux de dire ce qu'ils font en secret. >> **EPHESIENS 5 : 3 – 7**

<< Nous vous recommandons frères au nom de notre SEIGNEUR JESUS CHRIST, de vous éloigner de tout frère qui vit dans le désordre […] >> **2THESSALONICIENS 3 : 6**

<< Eloigne de toi après un premier et un second avertissement de celui qui provoque des divisions, sachant qu'un Homme de cette espèce est perverti et qu'il pèche en se condamnant lui-même. >> **TITE 3 : 10 , 11.**

<< […] Petits enfants, gardez-vous des idoles>> **1 JEAN 5 : 21**


'' Quiconque a des oreilles pour entendre, entende et du discernement pour comprendre, comprenne ! ''

# THEME 5 : LES MESSAGES  SUBLIMINAUX

Voici l'une des armes les plus subtiles, les plus nocives et les plus destructrices de l'humanité ; car ils gangrènent implicitement, mais massivement le monde spécifiquement les Hommes, en dénaturant vicieusement nos modes de vies. Ainsi, le dictionnaire français définit les messages subliminaux comme l'ensemble des informations imagières, langagières et sonores destinées à être enregistrées par le cerveau, sans toutefois passer par le contrôle de l'intelligence et pouvant ainsi influencer ses consommateurs à leur insu !

Suite à cette définition, je trouve problématique et alarmant de constater qu'un ensemble d'informations destinées à être enregistrées par le cerveau, qui d'une part ignorent totalement l'intelligence qui est une vitale richesse de l'humain. Et d'autre part influencent les récepteurs sans leur consentement. C'est de la manipulation esclavagiste !

A cet effet, n'omettons pas qu'avant d'être charnel et matériel, le monde est d'abord spirituel. Ainsi, pour ma part, je pense fermement que les messages subliminaux sont un envoutement purement Satanique consistant à favoriser l'infiltration, l'habitation et la gestion des forces démoniaques dans nos êtres ; en l'occurrence nos pensées, nos paroles, nos observations, nos choix, nos actions et nos modes de vie. Dont l'objectif est de nous faire vivre en totale inadéquation avec la volonté du SEIGNEUR et SAUVEUR JESUS CHRIST !

En d'autres termes, les messages subliminaux, sont des sortilèges et des incantations démoniaques dont l'optique est de travestir, de maintenir et d'immortaliser nos vies dans le puissant et célèbre paganisme festif et jouissif ayant pour crédo : « Tout est permis et tout est utile ! » C'est d'ailleurs à cause de cette formule mensongère que le légendaire apôtre Paul nous exhorte :<< Tout est permis, mais tout n'est pas utile, tout est permis, mais tout n'édifie pas. >> **1CORINTHIENS 10 :23**. Quiconque a des oreilles pour entendre, entende et du discernement pour comprendre, comprenne !

Ainsi, ces rituels démoniques sont infiltrés dans tous les domaines de la société ; pire encore, les messages subliminaux sont même omniprésents au sein de l'église, par exemple à travers les enseignements mondains, charnels et par conséquent occultes. Via la légitimité et la légalité des multiples et diverses pratiques strictement proscrites par les Saintes- Ecritures. En outre à travers la musique mondaine se camouflant en musique chrétienne etc.

De ce fait, les supports subliminaux nous dénaturent instantanément ou spontanément en nous faisant désormais accepter ce qui est mal, aimer ce qui est mal, pratiquer ce qui est mal, promouvoir ce qui est mal et protéger ce qui est mal.

A ce propos, cette dénaturation vicieuse fait de nous volontairement ou involontairement des rebelles à la volonté de DIEU. Situation nous mettant sérieusement en danger dans la mesure où la fureur du CREATEUR est en suspens au-dessus de nos vies prête à nous rendre selon notre rébellion ; et surtout au moment où l'on s'attend le moins. C'est la raison pour laquelle le redoutable apôtre Paul nous exhorte : << Faites donc mourir les membres qui sont sur la Terre, l'impudicité, l'impureté, les passions, les mauvais désirs et la cupidité qui est une idolâtrie. C'est à cause de ces choses que la colère de DIEU vient sur les Fils de la rébellion. >> **COLOSSIENS 3 : 5 , 6**

Dès lors, dans ce thème, nous allons nous focaliser sur les trois principaux supports des messages subliminaux à savoir :

> Les réseaux sociaux
> La musique mondaine
> La mode mondaine


### ❖ <u>LES RESEAUX  SOCIAUX</u> :

Nous savons tous ce que sont les réseaux sociaux, car nous les utilisons tous puisque nos métiers, nos loisirs et nos vies en dépendent grandement. Ils sont généralement greffés au média le plus célèbre et le plus utilisé par le genre humain ; en l'occurrence l'internet.

Ainsi, les réseaux sociaux sont une aubaine pour la vie quotidienne lorsqu'ils sont créés pour la bonne cause et utilisés à bon escient. C'est-à-dire créer des choses positives et utiles à l'humanité comme par exemple : accéder aux bonnes informations, apprendre des savoir-faire, assagir les âmes, réconforter les esprits, assister les nécessiteux, divertir décemment les Hommes etc.

Malheureusement, dans notre siècle présent, les réseaux sociaux font énormément plus de mal que de bien parce qu'ils sont davantage créés et utilisés dans le but d'asservir et de détruire ses utilisateurs. A ce propos, le nombre de victimes et la vitesse de propagation des messages subliminaux via les réseaux sociaux sont extrêmement inquiétant. Cette puissante gangrène psychique et physique n'épargne aucune catégorie à savoir les vieux, les moins vieux et les enfants qui sont en réalité les cibles et les victimes favorites de ce poison mystique.

De ce fait, à travers les réseaux sociaux les messages subliminaux ont pour missions de :

- ➤ Initier à l'impudicité personnelle, interpersonnelle et extra-personnelle
- ➤ Initier à la prostitution sur toutes ses formes
- ➤ Initier à l'abominable appartenance LGBTQI+
- ➤ Initier aux sciences occultes et aux cercles ésotériques
- ➤ Absorber les énergies
- ➤ Favoriser l'idolâtrie personnelle, matérielle et spirituelle
- ➤ Favoriser l'égo de soi-même
- ➤ Favoriser les divisions, les moqueries, les querelles et les inimitiés
- ➤ Créer les pulsions suicidaires aboutissant globalement aux suicides etc.

C'est d'ailleurs la raison pour laquelle l'indomptable apôtre Paul nous exhorte de fuir les vicieuses passions de la jeunesse qui détruisent considérablement nos vies. **2 TIMOTHEE 2 : 22.**

Cependant, l'exponentielle propagation des messages subliminaux à travers les réseaux sociaux est un immense danger dont nous devons prendre conscience maintenant et agir en conséquence rapidement avant qu'il ne soit trop tard pour nos âmes. Il est donc impérieux pour nous de prendre des résolutions fortes avec l'aide et la puissance du SEIGNEUR ; afin que nous puissions désormais mieux utilisés ces médias.

Par ailleurs, c'est plaisant de constater que c'est toujours dans ces flammes dévorantes qui sont les réseaux sociaux que les vraies brebis de JESUS CHRIST, par le biais des multiples évangélisations sonores ou visuelles et sponsorisées par le SAINT-ESPRIT ; transforment les âmes vicieuses, en celles vertueuses, parce que là où le mal abonde, la grâce de DIEU surabonde !


## ❖ <u>LA MUSIQUE MONDAINE</u> :

C'est l'ensemble des sonorités, des tonalités, des danses et des paroles qui favorisent l'amour et la pratique du péché. Habituellement audiovisuelle, la musique mondaine a les mêmes missions subliminales que les réseaux sociaux dont quelques spécificités qui sont :

- ➤ Pervertir les bouches
- ➤ Abrutir les cerveaux
- ➤ Enorgueillir les cœurs
- ➤ Travestir les mœurs en sexualisant les mentalités et les comportements
- ➤ Se plaire dans le péché et fanfaronner de la vie pécheresse

➢ S'investir dans l'œcuménisme qui cautionne la pratique de l'illicite
➢ Assujettir les âmes dans le paganisme
➢ Se rebeller contre le CREATEUR et s'allier au Destructeur Satan
➢ Favoriser l'infiltration et l'habitation des esprits démoniaques dans nos vies afin de nous immortaliser dans l'impiété etc.

Ainsi, avec ou sans internet, la musique avilissante est d'autant plus destructrice car Satan étant l'ex chef des chantres célestes ; maitrise toutes les arcanes de la musique. Et par conséquent, il sait comment posséder les âmes à travers sa musique mondaine. De même, il sait comment nous sublimer subtilement via sa musique mondaine. En outre, il sait comment nous endiablés et nous faire réciter des incantations démoniaques à notre insu par le biais de sa musique mondaine. De plus, il sait comment nous pousser à narguer et à mépriser le CREATEUR par sa musique mondaine. Mieux encore, il sait comment nous pousser joyeusement à le vénérer et accepter ainsi qu'il manipule vicieusement nos vies à sa guise. **EZEKIEL 28 : 13 - 19.**

De ce fait, la musique pécheresse est surabondamment chargée de messages subliminaux ; et par conséquent éloigne de JESUS CHRIST et rapproche du chef de ce monde injuste, inculte et occulte qui est le limité et le limitable Satan le Diable. A cet effet, le sage roi Salomon nous invite à nous en débarrasser en ces termes : << Mon fils, si des pécheurs veulent te séduire, ne te laisse pas gagner ! >> **PROVERBES 1 : 10**


❖ **LA MODE  MONDAINE :**

Il s'agit ici des actualités, des innovations et des tendances comportementales adoptées par la plus part d'entre nous. On en distingue deux principales modes mondaines à savoir :


➢ **LA MODE  LANGAGIERE :**

Dans notre siècle actuel, nous nous exprimons grossièrement et perversement, ce qui est une honte, une déchéance des valeurs morales de l'Homme. Les registres de langues courant et soutenu disparaissent progressivement et laissant ainsi la place au registre familier qui est purement argotique ; ce qui est une grosse défaite pour l'intelligence humaine. Ainsi, de plus en plus, c'est tout à fait normal de s'exprimer grossièrement et c'est caduc de s'exprimer littérairement.

En outre, les réseaux sociaux et la musique mondaine prônent fermement ce vocabulaire pervers puisqu'ils en sont remplis. A ce propos, le sage roi Salomon formule : << La crainte de L'ETERNEL, c'est la haine du mal. L'arrogance et l'orgueil, la voie du mal et la bouche perverse voilà ce que je hais. >> **PROVERBES 8 : 13**

<< La langue douce est un arbre de vie, mais la langue perverse brise l'âme. >> **PROVERBES 15 : 4**

<< Un cœur faux ne trouve pas le bonheur. Et celui dont la langue est perverse tombe dans le malheur. >> **PROVERBES 17 : 20**


## ➢ <u>LA MODE VESTIMENTAIRE</u> :

Cette dernière met en évidence l'exubérance chez les femmes et la féminité chez les hommes. Dénaturation complètement contraire à la raison, aux mœurs et à la volonté de L'ETERNEL. Ainsi, il est vital de rappeler les principales raisons pour lesquelles le CREATEUR confectionna les vêtements dans le jardin d'Eden : premièrement pour se protéger des intempéries naturelles, particulièrement le froid. Deuxièmement, cacher sa nudité car cette dernière est sacrée. Et troisièmement réduire considérablement les pulsions sexuelles engendrant aux diverses pratiques luxurieuses.

A ce propos, étant limitée et limitable qu'est la race humaine ; qui sommes-nous pour fièrement et orgueilleusement déshabiller ce que le CREATEUR a minutieusement et sagement habillé ? Qui sommes-nous pour passionnément autoriser ce que le TOUT-PUISSANT a formellement interdit ? C'est la raison pour laquelle lui-même nous met prévient : << Malheur à ceux qui appellent le mal bien et le bien mal. Qui changent les ténèbres en lumière et la lumière en ténèbres. Qui changent l'amertume en douceur et la douceur en amertume. Malheur à ceux qui sont sages à leurs yeux et qui se croient intelligents. Malheurs à ceux qui [...] qui justifient le coupable pour un présent et enlèvent aux innocents leurs droits. >> **ESAIE 5 : 20 – 23**

De ce fait, la mode vestimentaire dépravée concerne beaucoup plus les femmes, puisqu'elles sont les plus nombreuses, les plus ciblées, les plus vulnérables et les plus victimes des machinations satanique ; comme dans le jardin d'Eden. Ainsi, la création et le port de ses vêtements dénudés et indécents sont surchargés de messages subliminaux dont le principal est la poursuite effrénée et la pratique passionnée du poison qu'est la luxure. Situation périlleuse nous mettant tous sérieusement en danger tant physiquement que spirituellement. C'est la raison pour laquelle l'indomptable apôtre Paul formule :<< Je veux aussi que les femmes vêtues d'une manière décente avec pudeur et modestie, ne se parent ni de tresses, ni d'or, ni de perles, ni d'habits somptueux ; mais qu'elles se parent de bonnes œuvres comme il convient à des femmes qui font profession de servir DIEU. >> **1 TIMOTHEE 2 : 9 , 10**

Néanmoins, nous avons également cette mode de se parer de tatouages, pratique exercée par les peuples sataniste à des fins d'invocations démoniques. **1ROIS 18 : 18 – 29.** A cet effet, il est donc évident de dire que cette pratique est totalement proscrite par le TRES-HAUT, d'ailleurs lui-même le décrète dans **LEVITIQUE 19 : 28.**

En outre, nous avons encore cette mode de se parer de certains bijoux à certains endroits interdits du corps humain qui est en réalité le temple du SAINT-ESPRIT. De même, nous avons cette mode de se revêtir d'ornements artificiels tels que les faux cheveux, les faux ongles, les faux cils et sourcils, les faux visages via le maquillage dénaturant et bien d'autres. **ISAIE 3 : 16 – 26**

Ainsi, ces célèbres et vulgaires pratiques humaines, mais strictement défendues par le SEIGNEUR sont créés par les forces occultes et promulguées par leurs collaborateurs humano-satanistes ; dans le but d'esclavager et de détruire nos vies. C'est la raison pour laquelle la parole du PERE CELESTE nous recommande de fuir ces antéchrists ainsi que toutes leurs modes mondaines et maléfiques. **1 ROIS 11 : 1 – 9.**

Dès lors, se vêtir indécemment, se faire tatouer, se munir de certains bijoux à certains endroits, se parer d'ornements mondains, s'exprimer perversement, c'est faire volontairement ou involontairement un culte à des démons ; ces derniers se nourrissant de nos énergies, notre sang, nos bénédictions et nos âmes !

En somme, suite à ces dénominations, nous pouvons donc confirmer que cette notion subliminale est extrêmement périlleuse pour nos âmes étant donné qu'elle est créée, véhiculée et promulguée par les antéchrists ; fidèles serviteurs et servantes de Satan le MENTEUR, le VOLEUR et le DESTRUCTEUR. Il est donc de notre devoir de premièrement nous détourner maintenant de ces créations maléfiques qui sont les messages subliminaux ; et deuxièmement de nous éloigner définitivement de ses créateurs démoniaques à savoir Satan et ses multiples antéchrists. Il en va de notre bien-être présent et futur !

Voici la fin du discours : << Vivre chrétiennement est la chose la plus difficile mais la plus bénéfique ici-bas ; car est Chrétien qui peut et non qui veut ! >>

<< Soyez sobres, veillez, votre adversaire le Diable rôde comme un lion rugissant cherchant qui il dévorera. Résistez-lui avec une foi ferme, sachant que les mêmes souffrances sont imposées à vos frères dans le monde. >> **1 PIERRE 5 : 8 , 9**

Quiconque a des oreilles pour entendre, entende et du discernement pour comprendre, comprenne !

# THEME 6 : LA MARGINALITE  CHRETIENNE

**B**On nombre de personnes pensent que la marginalité est un caractère antisocial, un comportement psycho-sociopathologique. Pour ma part, cette croyance est erronée puisqu'il existe dans ce monde une infime catégorie de marginaux qui ne sont ni antisociaux, ni psycho-sociopathes, mais ayant des habitudes opposées à celles de la société mondaine actuelle ; et ces derniers sont appelés « les Chrétiens. » A cet effet, comment ne pas être marginal dans un monde, dans une société où l'humanité se transforme exponentiellement en bestialité ? Où les abominations sont fortement plébiscitées et protégées, où les nocivités sont passionnément pratiquées et promulguées ? Où le péché est banalisé et toléré, où la Chrétienté est diabolisée et persécutée, où la déchristianisation est actée et remplacée par la paganisation ? Où la bêtise est écoutée, l'inculture justifiée, la grossièreté acceptée, la vérité truquée, le mensonge véhiculé, la gentillesse menacée, DIEU LE CREATEUR méprisé et rejeté, mais Satan le Destructeur aimé et vénéré ?

Ainsi, il est important de rappeler que la marginalité est l'attitude qui consiste à vivre à l'écart du monde et de la société. Dans notre contexte qui est la marginalité chrétienne, c'est le mode de vie qui consiste à ne pas se conformer au siècle présent ; c'est-à-dire refuser catégoriquement d'être esclave de ce système mondain Diabolique y compris refuser catégoriquement d'être marionnette de cette société démoniaque.

En d'autres termes, la marginalité chrétienne c'est le choix et l'assumation de vivre en totale inadéquation avec le monde sociétaire décrit plus haut. En outre, il s'agit de nager à contre-courants contre l'asphyxiant et mortuaire courant mondain qui est le paganisme est ses multiples dérivées principalement l'athéisme et l'œcuménisme. C'est d'ailleurs dans ce sens que l'apôtre de la grâce Paul nous exhorte :<< Je vous exhorte donc frères (*et sœurs*) par les compassions de DIEU, à offrir vos corps comme un sacrifice vivant, saint, agréable à DIEU, ce qui sera de votre part un culte raisonnable. Ne vous conformez pas au siècle présent, mais soyez transformés par le renouvellement de l'intelligence afin que vous discerniez quelle est la volonté de DIEU, ce qui est bon, agréable et parfait. >> **ROMAINS 12 :1 , 2.**

Néanmoins, il est impérieux de rappeler que tout marginal n'est pas forcement chrétien, mais tout véritable chrétien est automatiquement marginal. Parce qu'en effet, il existe des marginaux athées, satanistes et psycho-sociopathes qui vivent en se détachant du monde sociétaire afin de s'accrocher à leurs propres convictions, leurs propres forces, leurs propres intelligences et leurs propres savoir-faire. Par contre, les marginaux chrétiens quant à eux, sont des personnes qui vivent en se désunissant du monde sociétaire afin de s'attacher à JESUS CHRIST de Nazareth la LUMIERE du MONDE ! Ce dernier qui est infiniment et éternellement plus omniscient, plus omniprésent et plus omnipotent que nous humains y compris que les calamités Satan et ses démons. Voilà pourquoi il a lui-même décrété : << Venez à moi vous tous qui êtes fatigués et chargés et je vous donnerai du repos. Prenez mon joug sur vous et recevez mes instructions, car je suis doux et humble de cœur et vous trouverez du repos pour vos âmes. Car mon joug est doux et mon fardeau léger. >> **MATTHIEU 11 : 28 - 30.**

Toutefois, il est également vital de préciser que la marginalité chrétienne n'est ni une attitude antisocial, ni un comportement autarcique. Il n'est nullement question de s'indifférer de tous les événements mondiaux et de diaboliser tous les loisirs sociaux régissant ce monde sociétaire. Il n'est pas question de mener une vie d'isolement en coupant tous liens avec la réalité mondaine sociétaire, parce que l'Homme est naturellement un produit de la société ; d'ailleurs, nos pères les prophètes, les apôtres et le SEIGNEUR JESUS CHRIST nous l'ont prouvé via leur mode de vie à la fois social et antisocial. C'est la raison pour laquelle l'indomptable apôtre Paul affirme : << Je vous ai écrit dans ma lettre de ne pas avoir des relations avec les impudiques, non pas d'une manière absolue avec les impudiques de ce monde, ou avec les cupides et les ravisseurs, ou les idolâtres ; autrement, il vous faudrait sortir du monde [...] Pour ceux du dehors, DIEU les juge. Otez le méchant du milieu de vous. >> **1 CORINTHIENS 5 : 9 – 13.**

Dès lors, analysons les trois principaux points de la marginalité chrétienne à savoir :

> ➢ L'apparence sociale
> ➢ Le vocable social
> ➢ Le comportement social


❖ <u>**L'APPARENCE SOCIALE**</u> :

Les véritables Chrétiens sont des marginaux et ces derniers savent pertinemment qu'ils ont le devoir de se différencier physiquement donc visiblement des conformistes de ce système mondain diabolique qui sont en effet les païens.

A cet effet, un marginal Chrétien est une personne qui a le devoir d'être hygiénique, pudiquement et élégamment vêtue. **EXODE 28 : 42 ; 1 TIMOTHEE 2 : 9 , 10.**

De même, un marginal Chrétien est une personne ayant le devoir de ne pas se parer d'ornements corporels illicites. **ESAIE 3 : 16 – 24**

De plus, un marginal Chrétien est une personne qui a le devoir de ne jamais calligraphier son corps, qui est en réalité le temple du Saint-Esprit. **LEVITIQUE 19 : 28.**

En outre, un marginal Chrétien est une personne qui a le devoir de ne jamais s'identifier tel un abominable, puisque comment un véritable chrétien peut-il être un pratiquant, un supporter et un protecteur de la prostitution et de la malédiction qu'est la tendance LGBTQI+ ? **LEVITIQUE 19 : 29 ; 20 : 13.**

C'est la raison pour laquelle, le SEIGNEUR JESUS CHRIST nous rappelle ce que nous-sommes en réalité. Il affirme :<< […] Vous êtes la lumière du monde. Une ville située sur une montagne ne peut être cachée, et on n'allume pas une lampe pour la mettre sous le boisseau, mais on la met sur le chandelier et elle éclaire tous ceux qui sont dans la maison. Que votre lumière luise ainsi devant les Hommes, afin qu'ils voient vos bonnes œuvrent et qu'ils glorifient votre PERE qui est dans les cieux. >> **MATTHIEU 5 : 13 - 16**


❖ **LE VOCABLE  SOCIAL :**

Un marginal Chrétien sait parfaitement qu'il est vital de s'exprimer avec délicatesse et sagesse. C'est d'ailleurs dans ce sens que le sage Ben Sira formule : << Ne vanne pas à tout vent et ne t'engage pas dans n'importe quel sentier, ainsi que fait le pécheur à la langue double. Reste ferme dans ton sentiment et n'aie qu'une parole. Sois prompt à écouter, mais lent à donner ta réponse. Si tu as une opinion, réponds à ton prochain ; sinon mets la main sur ta bouche. Gloire et déshonneur sont dans la conversation et la langue de l'Homme peut devenir sa ruine. Ne te fais pas une réputation de médisant et avec ta langue, ne tend pas de pièges […] >> **SIRACIDE 5 : 9 – 15.**

C'est pourquoi un véritable Chrétien parle très peu, mais observe, écoute, apprend énormément et c'est de la sorte qu'il s'assagit progressivement !

En outre, un marginal Chrétien sait pertinemment que celui qui parle beaucoup ne manque pas de pécher, mais celui qui retient ses lèvres est un Homme prudent. **PROVERBES 10 : 19.**

De plus, un marginal Chrétien est totalement dépourvu de l'esprit de fanfaronnade, car ce dernier mène à la chute et à la ruine de ceux qui l'exercent. **PROVERBES 27 : 1 , 2.**

De même, un marginal Chrétien sait évidemment que la langue est la cause majeure de la destruction de l'Homme et du monde. **JACQUES 3 : 1 – 12.**

Mieux encore, un marginal Chrétien sait sagement que tenir sa langue en bride doit faire partir de son mode de vie. **JACQUES 1 : 26, 27.**


## ❖ LE COMPORTEMENT SOCIAL :

C'est bien de prendre conscience de la quintessence du vocable et de l'apparence sociale, mais c'est mieux de les mettre journellement en pratique afin d'en faire un mode de vie agréable au CREATEUR ; comme l'infatigable apôtre Paul nous l'exhorte instamment dans **EPHESIENS 4 : 17 – 32 ; 5 : 1 – 21.**

Ainsi, un marginal Chrétien sait pertinemment que pour son bien-être et pour celui des autres, il a l'obligation de ne jamais s'adonner aux vicieuses passions mondaine. **2 TIMOTHEE 2 : 22.**

De plus, il sait parfaitement que pour son bien-être et pour celui des autres, il a l'injonction de ne jamais se laisser guider par les sentiments, les caractères et les comportements cancérigènes de l'âme. **GALATES 5 : 19 – 21.**

Mieux encore, il sait consciemment que pour son propre bien-être et pour celui des autres, il a la totale conviction de maintenir sa relation infiniment gracieuse et bénéfique avec LE PERE – LE FILS et LE SAINT-ESPRIT. **JACQUES 4 : 1 – 10.**

C'est la raison pour laquelle l'apôtre Pierre nous exhorte : << Ayez au milieu des païens une bonne conduite, afin que là même où ils vous calomnient comme si vous étiez des malfaiteurs, ils remarquent vos bonnes œuvres et glorifient DIEU au jour où il les visitera. >> **1 PIERRE 2 : 12.**


Voici la fin du discours : << La marginalité Chrétienne n'est guère synonyme d'anti-sociabilité, par contre, elle est synonyme d'anti-paganisme ! >>

<< La conformité, la liberté paganique engendre inéluctablement l'esclavagisme démoniaque et le marionnetisme Diabolique ! >>

<< Entrez par la porte étroite. Car large est la porte, spacieux est le chemin qui mènent à la perdition et il y en a beaucoup qui entrent par là. Mais étroite est la porte, resserré le chemin qui mènent à la vie et il y en a peu qui les trouvent. >> **MATTHIEU 7 : 13, 14.**

<< Je leur ai donné ta parole et le monde les a haïs, parce qu'ils ne sont pas du monde, comme moi je ne suis pas du monde. Je ne te prie pas de les ôter du monde, mais de les préserver du mal. (*Omniprésent dans le monde*) Ils ne sont pas du monde comme moi je ne suis pas du monde. Sanctifie-les par ta vérité : ta parole est la vérité. >> **JEAN 17 : 14 – 17.**

<< Ne vous mettez pas avec les infidèles sous un joug étranger. Car quel rapport y a-t-il entre la justice et l'iniquité ? Ou qu'y a-t-il de commun entre la lumière et les ténèbres ? Quel accord y a-t-il entre CHRIST et Bélial ? Ou quelle part a le fidèle et l'infidèle ? […] C'est pourquoi, sortez du milieu d'eux et séparez-vous dit le SEIGNEUR ; ne touchez pas à ce qui est impur et je vous accueillerai. Je serai pour vous un PERE, et vous serez pour moi des fils et des filles, dit le SEIGNEUR TOUT-PUISSANT. >> **2 CORINTHIENS 6 : 14 – 18.**

<< Et maintenant est-ce la faveur des Hommes que je désire ou celle de DIEU ? Est-ce que je cherche à plaire aux Hommes ? Si je plaisais encore aux Hommes, je ne serais pas serviteur de CHRIST. >> **GALATES 1 : 10.**

<< Car c'est DIEU qui produit en vous le vouloir et le faire selon son bon plaisir. Faites toutes choses sans murmures ni hésitations afin que vous soyez irréprochables et purs, des enfants de DIEU irrépréhensibles au milieu d'une génération perverse et corrompue, parmi laquelle vous brillez comme des flambeaux dans le monde. >> **PHILIPPIENS 2 : 13 – 15.**

<< Mais sanctifiez dans vos cœurs CHRIST LE SEIGNEUR, étant toujours prêts à vous défendre avec douceur et respect devant quiconque vous demande raison de l'espérance qui est en vous ; et ayant une bonne conscience, afin que là même où ils vous calomnient comme si vous étiez des malfaiteurs, ceux qui décrient votre bonne conduite en CHRIST soient couverts de confusion. >> **1 PIERRE 3 : 15 , 16.**


'' Quiconque a des oreilles pour entendre, entende et du discernement pour comprendre, comprenne ! ''

# THEME 7 : LA PARABOLE DU SEMEUR

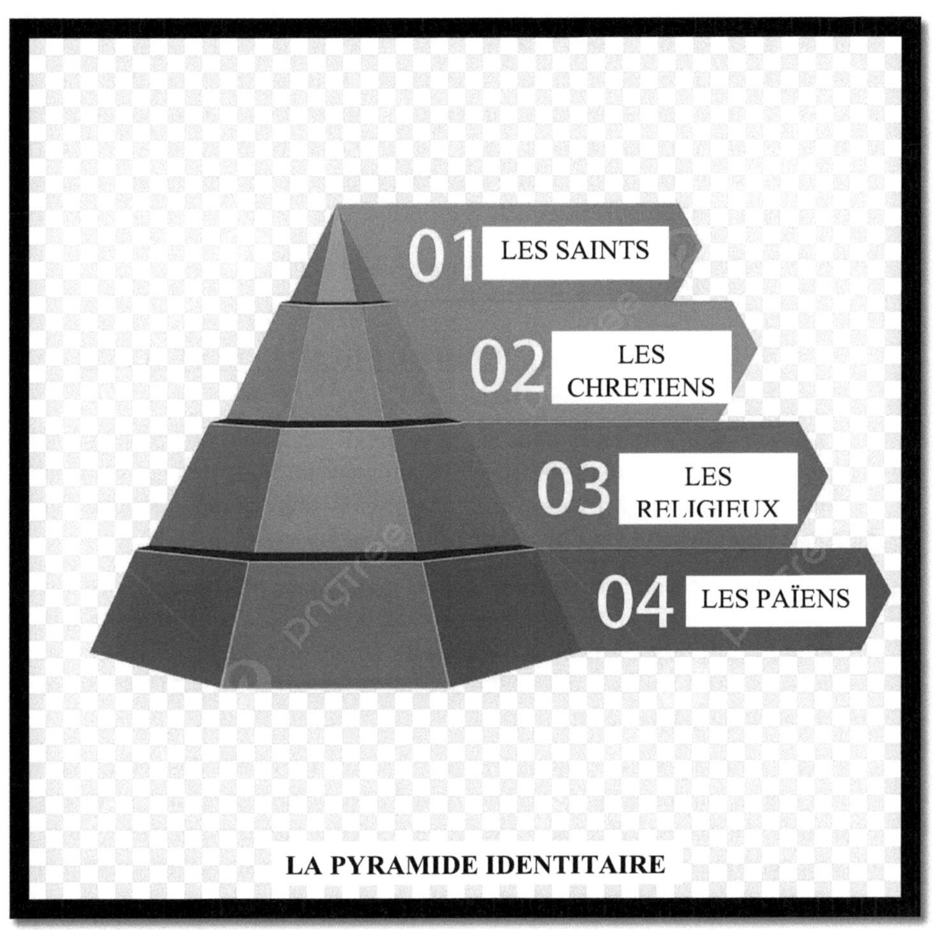

L A sagesse et la source de la sagesse LE SEIGNEUR JESUS-CHRIST, via son légendaire enseignement dont le titre principal ci-dessus nous a révélé avec précision les quatre différentes identités humaines existantes. Chacun d'entre nous appartient volontairement ou non à une catégorie, et c'est cette appartenance à un groupe spécifique qui détermine exactement qui nous sommes réellement. Ainsi, nous vivons tous ensemble dans ce même monde horrible, mais nous ne sommes pas tous les mêmes. De même, nous sommes tous en proie aux mêmes besoins physiologiques, mais nous n'avons aucunement tous la même moralité pour les assouvir. De plus, nous sommes tous exposés aux multiples, diverses et sévères difficultés de la vie, mais nous n'avons guère les mêmes modes de vie. Et enfin, nous sommes tous contraints à faire des choix dans cette société injuste, inculte et occulte, mais nous ne faisons jamais tous les mêmes choix !

Dès lors, voyons ce qu'il en est de chaque genre humain :


### ❖ <u>LA SEMENCE AU BORD DU CHEMIN : LES PAÏENS :<br>MATTHIEU 13 :18,19</u>

Il s'agit ici des personnes qui par leur mode de vie anti-christique dont fondamentalement vicieux ; aident volontairement ou non Satan et ses troupes humano-démoniaques à avoir une si importante domination malsaine sur le monde et spécialement sur l'humanité.

Ces individus acceptent fièrement ce qui est mal, aiment profondément ce qui est mal, pratiquent passionnément ce qui est mal, promeuvent activement ce qui est mal et protègent sérieusement ce qui est mal. Or ce qui est mal, c'est l'ensemble des pensées, des paroles et des actions que le BON DIEU proscrit formellement autrefois, maintenant et éternellement.

Ces gens sont légions et majoritaires parmi nous. Ils vivent dans une anarchie débauchée en faisant ce qu'ils veulent, quand ils le veulent, avec qui ils le veulent et où ils le veulent. Et par conséquent pour eux « Tout est permis et tout est utile ! » Ils sont généralement connus sous les noms suivants : les athées, les agnostiques, les satanistes, les religieux non pratiquants, les chrétiens et les saints.

C'est dans ce sens que le patriarche le sage roi Salomon nous avertit : << Jeune Homme, réjouis-toi dans ta jeunesse, livre ton cœur à la joie pendant les jours de ta jeunesse, marche dans les voix de ton cœur et selon les regards de tes yeux ; mais saches que pour tout cela DIEU t'appellera en jugement [...] Mais souviens-toi de ton CREATEUR pendant les jours de ta jeunesse, avant que les jours mauvais n'arrivent et que les années s'approchent où tu diras : je n'y prends point de plaisir.>> **ECCLESIASTE 12 : 1 - 3**

Ainsi dans le même sillage en ce qui les concerne, le légendaire apôtre Paul affirme :<< Car il en est plusieurs qui marchent en ennemis de la croix de CHRIST, je vous en ai souvent parlé et j'en parle maintenant encore en pleurant. Leur fin sera la perdition, ils ont pour dieu leur ventre, ils mettent leur gloire dans ce qui fait leur honte, ils ne pensent qu'aux choses de la terre. >> **PHILIPPIENS 3 : 18, 19**

De même, l'apôtre Jacques rajoute : << Adultères que vous êtes ! Ne savez-vous pas que l'amour du monde est inimitié contre DIEU ? Celui donc qui veut être ami du monde se rend ennemi de DIEU. >> **JACQUES 4 :4**

Mieux encore, l'apôtre Jean nous conseille : << N'aimez point le monde, ni les choses qui sont dans le monde. Si quelqu'un aime le monde, l'amour du PERE n'est point en lui […] >> **1 JEAN 2 : 15 - 17**

### ❖ <u>LA SEMENCE SUR LA TERRE PIERREUSE : LES RELIGIEUX : MATTHIEU 13 : 20, 21</u>

Il est question ici des païens qui se croient être chrétiens car pratiquent l'œcuménisme dont le moteur est l'amitié et l'unité avec les lois et passions mondaines exécrables ; toujours instaurées par Satan le MENTEUR et LE DESTRUCTEUR.

Cette catégorie participe également à la forte domination démonique de l'Ennemi, puisqu'elle refuse de pérenniser la persévérance et la souffrance du fondateur du Christianisme qui est JESUS-CHRIST de Nazareth et de ses successeurs qui sont les apôtres et les prophètes. Ainsi, ces gens justifient intellectuellement et orgueilleusement leurs transgressions aux Lois Bibliques, leurs désobéissances à DIEU et leur conformisme au mode de vie païens.

De ce fait, ils mènent une chrétienté laxiste, amorphe et hypocrite ; c'est-à-dire tantôt ils sont avec JESUS CHRIST, tantôt (*et la plus part du temps*) ils sont avec Satan. C'est d'ailleurs à cause de cette duplicité identitaire que la LUMIERE DU MONDE lui-même a formulé :<< Nul ne peut servir deux maitres, car ou il haïra l'un et aimera l'autre, ou il s'attachera à l'un et méprisera l'autre. Vous ne pouvez servir DIEU et Mammon. >> **MATHHIEU 6 : 24**

De même, le redoutable apôtre Paul rajoute : << Or, tous ceux qui veulent vivre pieusement en JESUS CHRIST seront persécutés. Mais les Hommes méchants et imposteurs avanceront toujours plus dans le mal, égarant les autres et égarés eux-mêmes. >> **2 TIMOTHEE 3 : 12 , 13**

Et plus, l'indomptable apôtre Paul rappelle : << Ne vous y trompez pas, on ne se moque pas de DIEU. Ce qu'un Homme aura semé, il le moissonnera aussi. >> **GALATES 6 : 7**


## ❖ <u>LA SEMENCE SUR LA TERRE EPINEUSE : LES CHRETIENS : MATTHIEU 13 : 22</u>

Ici, on a affaire à des personnes consciencieuses, des personnes qui en connaissance de cause, ont acceptées de vivre selon les normes du CHRIST. Des personnes qui s'échinent à ne pas vivre bestialement comme le veut Satan le gouvernant de ce monde.

De plus, contrairement aux païens et aux religieux, les chrétiens quant à eux ne justifient jamais leurs transgressions des maximes Bibliques, ni leur désobéissance à DIEU, encore moins leur dérapage dans l'univers paganique.

A cet effet, ils éprouvent généralement une grande culpabilité parsemée de la gêne, de la honte, des regrets et des remords. Cette culpabilité est due au fait qu'ils connaissent la différence entre ce qui est bien et ce qui est mal. Et cette connaissance émane du lien spirituel qu'ils ont avec le CREATEUR ; car ils s'approchent de lui et lui s'approche d'eux, ils le cherchent et il se manifeste à eux, ils lui donnent leurs vies et lui en prends soin comme la sienne.

Cependant, suite aux multiples, diverses et sévères vicissitudes de la vie occasionnant l'anxiété, les carences de toutes sortes et par conséquent la souffrance ; dont le but principal est l'atteinte de la prospérité et pour se faire, la recherche acharnée et passionnée de l'argent devient la raison de vivre. Cette catégorie succombe habituellement à la tentation d'abandonner la Chrétienté au profit du paganisme qui parait prospère de forme mais qui de fond est en réalité malheureuse et infernale.

Ainsi, une fois sachant étant piégés dans le gouffre paganique de l'ennemi, ils éprouvent cette grande culpabilité décrite plus haut.

C'est la raison pour laquelle l'infatigable apôtre Paul atteste : << Mais l'esprit dit expressément que, dans les derniers temps, quelques-uns abandonneront la foi pour s'attacher à des esprits séducteurs et à des doctrines de démons. >> **1 TIMOTHEE 4 : 1**

En outre, il rajoute : << Mais ceux qui veulent s'enrichir tombent dans la tentation, dans le piège et dans beaucoup de désirs insensés et pernicieux qui plongent les Hommes dans la ruine et la perdition. Car l'amour de l'argent est une racine de tous les maux *(l'amour de l'argent est la cause majoritaire de tous les traumas de l'humanité)* et quelques-uns en étant possédés, se sont égarés loin de la foi et se sont jetés eux-mêmes dans bien des tourments. >> **1 TIMOTHEE 6 : 9 , 10**

Et enfin l'apôtre Pierre nous exhorte : << Car il vaut mieux souffrir si telle est la volonté de DIEU en faisant le bien qu'en faisant le mal. CHRIST aussi a souffert une fois pour les péchés, lui juste pour les injustes afin de nous amener à DIEU […] >> **1 PIERRE 3 : 17, 18**

## ❖ <u>LA SEMENCE SUR LA BONNE TERRE : LES SAINTS : MATTHIEU 13 : 23</u>

Il est question ici de l'élite de l'humanité, des personnes hors normes, exceptionnelles, irréprochables, modèles etc. La fierté des anges et le cauchemar des démons. C'est grâce à cette infime minorité de personnes que le SEIGNEUR ne pulvérise pas encore ce monde injuste, inculte et occulte.

Ces individus sont des exemples à imiter le mode de vie parce qu'en proie aux mêmes tentations que nous, ils ne succombent jamais mais résistent toujours. En proie aux mêmes épreuves que nous, ils n'abandonnent jamais, mais persévèrent toujours. Créer de la même manière que nous, vivants sur la même terre que nous, respirant le même oxygène de l'air que nous, ayant les mêmes besoins que nous, en proie aux mêmes injustices et inégalités que nous ; les saints surmontent toujours le mal par le bien.

Ainsi, les saints ont parfaitement compris la quintessence de ce que veut réellement dire « servir DIEU, imiter JESUS CHRIST, respecter, accepter et pratiquer journellement les maximes Bibliques. » Ce sont des gens qui respectent, aiment et servent réellement LE CREATUER ; ce qui fait d'eux à la fois les fils et les amis de DIEU.

A ce propos, ce sont les personnes les plus persécutées et les plus haïs par Satan et ses troupes Humano-démoniques ; parce que durant leur séjour sur cette Terre éphémère, elles transforment et transformeront automatiquement les âmes vicieuses en âmes vertueuses par le biais de la sincère repentance en JESUS CHRIST. Et pour les ennemis démoniques, il est hors de question qu'une telle conversion se fasse, hors de question que désormais, le Saint-Esprit habite et influence vertueusement la vie des actuelles marionnettes du Diable. D'où les saints sont le cauchemar des démons !

C'est d'ailleurs à cet effet que le légendaire apôtre Paul affirme :<< Car DIEU, ce me semble a fait de nous apôtres (*Les saints*) les derniers des Hommes, des condamnés à mort en quelques sorte, puisque nous avons été en spectacle au monde, aux anges et aux Hommes [...] nous nous fatiguons à travailler de nos propres mains, injuriés, nous bénissons, persécutés, nous supportons, calomniés, nous parlons avec bonté. Nous sommes devenus comme les balayures du monde, le rebut de tous jusqu'à maintenant. >> **1 CORINTHIENS 4 : 9 – 13.**

De ce fait, nous savons que les saints sont les maitres dans l'art de supporter les difficultés et les traumatismes  de la vie. Ce sont des personnes ayant une totale confiance en L'ETERNEL. Ce sont des gens ayant une foi intarissable d'où leur art de ne pas se fier à ce qu'ils voient, ni à ce qu'ils entendent encore moins à ce qu'ils vivent.

C'est dans cette analyse que nous pouvons citer le juste Job qui répondit rhétoriquement à son épouse dévastée : << Sa femme lui dit : tu demeures ferme dans ton intégrité, maudit DIEU et meurs ! Mais Job lui répondit : tu parles comme une femme insensée : quoi nous recevons de DIEU le bien et nous ne recevrions pas aussi le mal ? En tout cela Job ne pécha point par ses lèvres. >> **JOB 2 : 9 , 10**

En outre, le sage Ben Sira dans l'intégralité du **SIRACIDE CHAP 2** nous détaille le profil des saints.

De même, le légendaire apôtre Paul consolide ce profil via **ACTES 16 : 16 – 40 / 2 CORINTHIENS 11 : 16 , 31**

Et enfin, LE MESSIE confirme ce profil majestueux dans **JEAN 16 : 20 – 24**

Ainsi suite à cet exposé, chacun de nous peut déterminer véridiquement dans quelle catégorie il se situe. Cher lecteur, chère lectrice qui êtes-vous en réalité ?


Voici la fin du discours : << Mais puisque celui qui vous a appelés est saint (*JESUS CHRIST*) vous aussi soyez saints dans toutes votre conduite, selon qu'il est écrit : « Vous serez saints car je suis saint ! » >> **1 PIERRE 1 : 15, 16.**

<< Recherchez la paix avec tous et la sanctification sans laquelle personne ne verra le SEIGNEUR. >> HEBREUX 12 : 14.

<< Mais je traite durement mon corps et je le tiens assujetti de peur d'être moi-même rejeté après avoir prêché aux autres *(mais je résiste farouchement aux multiples et diverses tentations mondaine, en disciplinant vertueusement mon corps et ma vie ; parce que moi-même Paul l'apôtre de la grâce, je ne suis pas*

*sûr et certains du dénouement de mon jugement Divin et par conséquent, je ne suis pas sûr et certains de ma destination finale et éternelle !)* **1 CORINTHIENS 9 :27.**

<< Car c'est le moment où le jugement va commencer par la maison de DIEU. Or si c'est par nous qu'il commence, quelle sera la fin de ceux qui n'obéissent pas à l'Evangile de DIEU ? Et si le juste(*les saints*) se sauve avec peine, que deviendront l'impie(*les païens*) et le pécheur(*les religieux et les chrétiens*) ? >> **1 PIERRE 4 : 17, 18**

<< [...] Crains DIEU et observe ses commandements, c'est là ce que doit faire tout Homme. Car DIEU amènera toute œuvre en jugement au sujet de tout ce qui est caché soit bien, soit mal. >> **ECCLESIASTE 12 : 13, 14.**

'' Quiconque a des oreilles pour entendre, entende et du discernement pour comprendre, comprenne ! ''

# THEME 8 : JESUS CHRIST : FETICHEUR OU SEIGNEUR ?

LE monde est divisé en deux catégories de personnes : d'une part celles qui se moquent du BON DIEU et le considèrent comme un féticheur, un serviteur et l'éternel débiteur. D'autre part, celles qui le craignent, le respectent et le considèrent tel qu'il est en réalité ; à savoir LE CREATEUR, LE CONDUCTEUR, LE SEIGNEUR, LE SAUVEUR, LE RENUMERATEUR, LE PROTECTEUR, LE GUERISSEUR et LE CREDITEUR de leurs vies. Ainsi, ces deux groupes d'individus sont totalement différents quant à leurs manières de raisonner, d'observer, d'écouter, de parler, de choisir, d'agir et de vivre. A ce propos, il existe un phénoménal antagonisme entre ces deux types de gens dans la mesure où les uns s'activent quotidiennement afin de contaminer vicieusement les autres ; par contre, les autres s'échinent journellement dans l'optique de transformer vertueusement les uns. De même, les uns haïssent, méprisent et persécutent les autres, or les autres aiment, supportent et pardonnent les uns. Mieux encore, les uns veulent absolument occire les autres, tant dis que les autres veulent massivement convertir les uns.

De ce fait, on a affaire ici à une longue, une large, une haute, une profonde et une virulente guerre sociale, culturelle et spirituelle entre ces deux clans d'humains. Il est question ici de la guerre entre le Christianisme et le paganisme, entre la lumière et l'obscurité, le mensonge et la vérité, la justice et l'injustice, les vertus et les vices, le bien et le mal et entre JESUS CHRIST la LUMIERE du monde et Satan le Diable le PERE du mensonge ! C'est dans ce sens que le sage roi Salomon formule : << L'Homme inique est en abomination aux justes et celui dont la voie est droite est en abomination aux méchants. >> **PROVERBES 29 : 27.**

Toutefois, il est important de rappeler que les individus se moquant de L'ETERNEL sont majoritaires, par contre, ceux le craignant sont malheureusement minoritaires. Cependant, les majoritaires, via leur mode de vie inculte et indiscipliné méprisent ainsi journellement le CREATEUR en faisant ce qu'ils veulent, comme ils le veulent, où ils le veulent et avec qui ils le veulent. Mais paradoxalement, lorsque ces derniers récoltent inéluctablement les fruits toxiques de leurs vies païennes, ils se souviennent soudainement du BON DIEU ; non pas comme SEIGNEUR et SAUVEUR, mais comme féticheur, serviteur et débiteur. Cette manière de raisonner n'est pas bonne du tout, pire encore cette façon de faire est même problématique comme nous l'explique le sage roi Salomon qui atteste : << Si quelqu'un détourne l'oreille pour ne pas écouter la

Loi, sa prière même est une abomination. >> **PROVERBES 28 : 9.** En ce qui concerne les minoritaires, aucunement besoin de dire qu'ils n'agissent pas de la sorte.

Dès lors, nous allons nous concentrer sur deux points majeurs dans ce thème à savoir :

> ➢ Les moqueurs de JESUS CHRIST
> ➢ Les serviteurs de JESUS CHRIST


## ❖ <u>**LES MOQUEURS DE JESUS CHRIST**</u> :

Comme nous l'avions déjà dit plus haut, il est question ici de la majorité de personnes qui prennent LE CREATEUR comme un imbécile, un domestique, un larbin, un serviteur. Cette attitude diabolique s'explique par le fait que d'après leur éducation mondaine et malsaine, ces adeptes ont toujours été habitués à ce que dans la vie sociétaire, les enfants sont les monarques et les parents sont les sujets. Et dans cet élan de folie mensongère, ces derniers l'imposent au parent par excellence qui est évidemment LE PERE CELESTE. Ainsi munis d'un dédain et d'une arrogance dignes d'acerbes châtiments, ils s'exclament :<< Etant donné que tu nous a soit disant créer, tu as l'obligation de prendre soin de nous. Tu as l'injonction de t'activer lorsqu'on t'appelle à l'aide car tu es responsable de nos vies et par conséquent tu nous dois le bonheur ! >> Telle est la mentalité de nombreux d'entre nous vis-à-vis de L'ETERNEL !

A cet propos, j'ai le plaisir de vous annoncer et de vous rappeler que LE TOUT-PUISSANT ne nous doit absolument rien, nous ne sommes pas ses créditeurs et lui ne sera jamais notre débiteur. Au contraire, c'est nous les humains qui sont ses éternels débiteurs puisque nous lui devons totalement et infiniment ! C'est d'ailleurs la raison pour laquelle lui-même nous l'informe : << Qui m'a avancé quelque chose pour que je le lui rende ? Sous tout le ciel, tout m'appartient >> **JOB 41 : 3.**

De même, d'autres gens ont une mentalité de tromperie vis-à-vis du TRES-HAUT, dans la mesure où après avoir obtenue l'aide Divine sollicitée, ces derniers retournent aisément à leurs vies païennes. Ainsi, ils s'exclament en eux-mêmes en ces termes : << On ne sait jamais, peut-être que ce soit disant Jésus peut effectivement résoudre nos problèmes car on a ouïe dire qu'absolument rien ne lui est impossible. Alors nous n'avons rien à perdre à l'essayer ! >> Tel est l'esprit fourbe que nombreux de nos contemporains ont envers LE MESSIE ! Voilà pourquoi l'infatigable apôtre Paul nous avertit : << Ne vous y trompez pas on ne se moque pas de DIEU. Ce qu'un Homme aura semé, il le moissonnera aussi. >> **GALATES 6 : 7.**

Pire encore, d'autres individus munis d'un laxiste, d'une oisiveté et d'une stérilité spirituelle et osant même porter le titre honorifique de Chrétiens ; font de même que les deux autres genres de contemporains précédemment cités. Ainsi, ces païens se trompant être Chrétiens ne s'intéressent guère aux affaires Christique puisqu'ils ne connaissent pas les Saintes – Ecritures, ils ne méditent jamais sur cet Evangile, ils ne prient jamais sauf en cas de problèmes comme nous le verrons plus bas. Ils ne jeûnent jamais et ils refusent catégoriquement d'assumer et d'assurer l'une des fonctions majeure du Chrétien que le CREATEUR décrète dans **EZEKIEL 3 : 18, 19 / 33 : 8 , 9.** D'ailleurs nous en parlerons explicitement dans le thème suivant.

Mais, lorsque leur mauvais berger Satan les tourmentent et traumatisent comme prévus, ils se souviennent subitement de l'amour ineffable, de la miséricorde indélébile, de la compassion intarissable, de l'absolution maladive, de la grâce excellente et de la bonté excessive de DIEU. A cet effet, en eux-mêmes ils se disent : << DIEU est bon envers tous, il fait grâce à qui bon lui semble, d'ailleurs il lève son soleil sur les bons comme sur les méchants. DIEU nous aime tous car nous sommes tous ses enfants bien aimés ! >> Certes JE SUIS est BON et nous aime tous, mais certainement pas de la même manière ; tout simplement parce que nous ne nous comportons pas tous de la même manière. En d'autres termes, nous n'avons pas tous le paganisme comme mode de vie. C'est pourquoi le redoutable apôtre Paul nous rappelle : << Nous travaillons en effet et nous combattons, parce que nous mettons notre espérance dans le DIEU VIVANT, qui est le SAUVEUR de tous les Hommes, principalement des croyants. >> **1TIMOTHEE 4 : 10.**

Mieux encore, le BON BERGER JESUS CHRIST confirme : << […] C'est pour eux que je prie. Je ne prie pas pour le monde, mais pour ceux que tu m'as donnés, parce qu'ils sont à toi […] Ce n'est pas pour eux seulement que je prie, mais encore pour ceux qui croiront en moi par leur parole […] >> **JEAN 17 : 1 – 26.** Quiconque a des oreilles pour entendre, entende et du discernement pour comprendre, comprenne !

De ce fait, cette moquerie, cette sournoiserie, cette duperie est une provocation, une tentation envers le PERE CELESTE. En revanche, LE TRES-HAUT a une manière unique, imprévisible et incompréhensible de répondre aux provocations et aux tentations des Hommes à son encontre ; puisqu'il est infiniment JUSTE et BON !

A cet effet, parfois il ne fait aucun favoritisme et rend à l'impie selon son impiété d'une manière gracieuse comme l'infatigable apôtre Paul la formule : << […] A moi la vengeance, à moi la rétribution dit le SEIGNEUR. Mais si ton ennemi a faim, donne-lui à manger, s'il a soif, donne-lui à boire ; car en agissant ainsi, ce sont des charbons ardents que tu amasseras sur sa tête. >> **ROMAINS 12 : 19 , 20.** Telle est la justice du JUSTE JUGE ! A ce propos, soyons extrêmement craintifs lorsque JESUS nous aide, nous bénit alors que nous vivons et demeurons dans le péché ; car cette aide Divine pourrait s'agir des bénédictions de malédictions qui sont en effet l'amassement des charbons ardents sur la tête ! **PROVERBES 16 : 4.**

Par ailleurs, parfois et même habituellement, il favorise l'impie car a compassion de lui, il absout toutes ses fautes, il lui vient en aide en lui faisant du bien que ce dernier ne mérite pas. Voilà pourquoi LE CREATEUR lui-même formule :<< Dis-leur : je suis vivant ! Dit LE SEIGNEUR, L'ETERNEL, ce que je désire, ce n'est pas que le méchant meure, c'est qu'il change de conduite et qu'il vive. Revenez, revenez de votre mauvaise voie et pourquoi mourriez-vous maison d'Israël ? >> **EZEKIEL 33 : 11.** Telle est la bonté, la compassion, la miséricorde, la grâce et l'amour du PERE CELESTE. **MATTHIEU 9 : 12 , 13.**

Dès lors, ces milliards de personnes qui considèrent JESUS CHRIST comme un féticheur, un serviteur et un débiteur doivent comprendre qu'il est urgemment vital qu'elles arrêtent cette pratique blasphématoire. Il en va de leur intérêt parce qu'ils n'y a que les insensés qui n'apprennent rien de leurs erreurs, qui refusent de changer et pire encore, qui récidivent dans les mêmes débordements de folie. C'est d'ailleurs la raison pour laquelle l'apôtre Jacques attire notre attention sur la raison de notre malheur personnel, collectif et social en attestant : << D'où viennent les luttes et d'où viennent les querelles parmi vous ? N'est-ce pas de vos passions qui combattent dans vos membres ? Vous convoitez et vous ne possédez pas, vous êtes meurtriers et envieux et vous ne pouvez pas obtenir, vous avez des querelles et des luttes et vous ne possédez pas, parce que vous ne demandez pas. Vous demandez et vous ne recevez pas, parce que vous demandez mal dans le but de satisfaire vos passions. Adultères que vous êtes ! Ne savez-vous pas que l'amour du monde est inimitié contre DIEU ? Celui donc qui veut être ami du monde se rend ennemi de DIEU. >> **JACQUES 4 : 1 – 4.**

En somme, DIEU LE CREATEUR, JESUS CHRIST et LE SAINT-ESPRIT ne sont pas et ne seront jamais nos féticheurs, nos serviteurs et nos débiteurs. Cette croyance est une extrême turpitude de l'intelligence humaine. Ainsi, cet esprit matérialiste, égoïste, narcissique et démoniaque doit absolument disparaitre de nos êtres !

❖ <u>**LES SERVITEURS DE JESUS CHRIST :**</u>

Hormis d'être LE SEIGNEUR, JESUS CHRIST est aussi LE SAUVEUR, LE PROTECTEUR, LE RENUMERATEUR, LE GUERISSEUR et LE CONDUCTEUR de nos vies. Ainsi, les véritables Chrétiens savent pertinemment et reconnaissent véridiquement que L'INCREE ne les doit absolument rien ; au contraire, ils savent indubitablement que ce sont eux qui lui doivent absolument et infiniment tout. De ce fait, ces derniers connaissent, acceptent, respectent et s'échinent journellement à mettre en pratique les maximes Biblique. Ils savent lucidement que servir JESUS CHRIST, c'est vivre en totale adéquation avec ses Lois, ses coutumes, ses recommandations contenues dans le Livre des livre, dans le Livre Sacré, dans les Saintes-Ecritures, donc dans la Bible.

Autrement dit, les serviteurs et les servantes de JESUS CHRIST sont des marginaux Chrétiens qui savent consciemment que : << […] Heureux ceux qui sont persécutés pour la justice, car le royaume des cieux est à eux ! Heureux serez-vous lorsqu'on vous outragera, qu'on vous persécutera et qu'on dira faussement de vous toute sorte de mal à cause de moi. Réjouissez-vous et soyez dans l'allégresse parce que votre récompense sera grande dans les cieux ; car c'est ainsi que l'on a persécutés les prophètes qui ont été avant vous. >> **MATTHIEU 5 : 3 – 12.**

En outre, les véritables Chrétiens savent que : << […] Cette parole est certaine : Si nous sommes morts avec lui, nous vivrons aussi avec lui, si nous persévérons, nous régnerons aussi avec lui, si nous le renions, lui aussi nous reniera, si nous sommes infidèles, il demeure fidèle, car il ne peut se renier lui-même […] Le SEIGNEUR connait ceux qui lui appartiennent et quiconque prononce le nom du SEIGNEUR, qu'il s'éloigne du mal […] Fuis les passions de la jeunesse et recherche la justice, la foi, l'amour, la paix avec ceux qui invoquent le SEIGNEUR d'un cœur pur […] >> **2 TIMOTHEE 2 : 1 – 26.**

De plus, ils savent que : << Or tous ceux qui veulent vivre pieusement en JESUS CHRIST seront persécutés. Mais les Hommes méchants er imposteurs avanceront toujours plus dans le mal, égarant les autres et égarés eux-mêmes. >> **2TIMOTHEE 3 : 12 , 13.**

De même, ils savent que : << Soyez mes imitateurs, comme je le suis moi-même de CHRIST. >> **1 CORINTHIENS 11 : 1.**

Mieux encore, ils savent que c'est grâce à la guidance et au leadership du SAINT-ESPRIT qu'ils ont appris et apprennent à être heureux qu'importe la situation favorable ou défavorable de la vie. A vivre en étant joyeux et heureux dans les carences comme dans l'abondance, dans les moments de prospérité comme dans ceux de précarité ; parce que le SEIGNEUR est toujours avec eux. **PHILIPPIENS 4 : 11 – 13.**

Et enfin, c'est aux pieds du SEIGNEUR JESUS CHRIST que les véritables Chrétiens sont scellés car leur existence en dépend vitalement. Qu'importe le degré de dénaturation de l'humanité, qu'importe le niveau de travestissement des mœurs, et qu'importe le seuil alarmant du paganisme dans le monde ; les Chrétiens demeurent en JESUS CHRIST.

Voici la fin du discours : << Jusqu'à quand stupides, aimerez-vous la stupidité ? Jusqu'à quand les moqueurs se plairont-ils à la moquerie et les insensés haïront-ils la science ? Tournez-vous pour écouter mes réprimandes ! Voici je répandrai sur vous mon Esprit, je vous ferez connaitre mes paroles… Puisque j'appelle et que vous résistez, puisque j'étends ma main et personne n'y prend garde, puisque vous rejetez tous mes conseils et que vous n'aimez pas mes réprimandes, moi aussi je rirai quand vous serez dans le malheur, je me moquerai quand la terreur vous saisira […] Car la résistance des stupides les tue et la sécurité des insensés les perd ; mais celui qui m'écoute reposera avec assurance, il vivra tranquille et sans craindre aucun mal. >> **PROVERBES 1 : 22 – 33.**

<< La malédiction de L'ETERNEL est dans la maison du méchant, mais il bénit la demeure des justes, il se moque des moqueurs, mais il fait grâce aux humbles. >> **PROVERBES 3 : 33 , 34.**

<< Ne vous inquiétez donc point et ne dites pas : « Que mangerons-nous ? Que boirons-nous ? De quoi serons-nous vêtus ? » Car toutes ces choses ce sont les Païens *(les hommes et les femmes qui considèrent LE CREATEUR tel un féticheur, un serviteur et l'éternel débiteur)* qui les recherchent. Votre PERE CELESTE sait que vous en avez besoin. Cherchez premièrement le royaume et la justice de DIEU et toutes ces choses vous seront données par-dessus. Ne vous inquiétez donc pas du lendemain, car le lendemain aura soin de lui-même. A chaque jour suffit sa peine. >> **MATTHIEU 6 : 31 – 34.**

<< Si quelqu'un n'aime pas le SEIGNEUR, qu'il soit anathème ! Maranatha. >> **1 CORINTHIENS 16 : 22.**


'' Quiconque a des oreilles pour entendre, entende et du discernement pour comprendre, comprenne ! ''

# THEME 9 : LA MISSION CHRETIENNE

L A véritable Chrétienté implique tellement de responsabilités, tellement de charges, de sacrifices, de pressions, d'interdictions et de recommandations ; décrétées dans le Livre sacré qu'est la Sainte Bible. A titres d'exemples, nous avons la proscription de vivre en adéquation avec les lois mondaines telles que les fruits de la chair et des ténèbres. En outre, nous avons l'interdiction de servir le Diable et ses sbires humano-démoniaques qui se targuent d'être des divinités. **GALATES 5 : 16 – 21.** D'autres part, nous avons la recommandation de vivre en adéquation avec les Lois Christiques en l'occurrence vivre selon les fruits de l'esprit et de la lumière. En d'autres termes, s'attacher fermement à L'ETERNEL, en obéissant à l'unique MEDIATEUR, SEIGNEUR et SAUVEUR JESUS CHRIST de Nazareth. **GALATES 5 : 22.**

A cet effet, parmi les multiples appels ministériels, les divers dons spirituels et les différentes missions terrestres qui incombent les Chrétiens ; il existe cependant une mission universelle dont le CREATEUR nous a tous mandatée. Cette dernière est d'une telle vitalité au point où le PERE CELESTE la rabâche en divers mots dans les Saintes Ecritures.

Ainsi, cette mission capitale se nomme: « L'EVANGELISATION » qui est l'ensemble des moyens et des méthodes axés sur les maximes Bibliques, permettant de transmettre la lumière, le parfum et la sagesse de la vie Christique dans les cerveaux, les cœurs et les bouches des humains ; dans le but de les dissuader d'arrêter de vivre païennement et de les persuader de commencer à vivre Chrétiennement.

C'est d'ailleurs la raison pour laquelle LE TOUT-PUISSANT nous missionne : << Quand je dirai au méchant : '' tu mourras ! '' Si tu ne l'avertis pas, si tu ne parles pas pour détourner le méchant de sa mauvaise voie et pour lui sauver la vie, ce méchant mourra dans son iniquité et je te redemanderai son sang. Mais si tu avertis le méchant et qu'il ne se détourne pas de sa méchanceté et de sa mauvaise voie, il mourra dans son iniquité et toi tu sauveras ton âme. Si un juste se détourne de sa justice et fait ce qui est mal, je mettrai un piège devant lui et il mourra parce que tu ne l'as pas averti, il mourra dans son péché on ne parlera plus de la justice qu'il a pratiquée et je te redemanderai son sang. Mais si tu avertis le juste de ne pas pécher et qu'il ne pèche pas, il vivra parce qu'il s'est laissé avertir et toi tu sauveras ton âme. >> **EZEKIEL 3 : 18 – 21.**

De ce fait, cette tâche est d'une extrême importance au point où le DIVIN se répète et reformule : << Quand je dis au méchant : '' Méchant tu mourras ! '' Si tu ne parles pas pour détourner le méchant de sa voie, ce méchant mourra dans son iniquité et je te redemanderai son sang. Mais si tu avertis le méchant pour le détourner de sa voie et qu'il ne s'en détourne pas, il mourra dans son iniquité et toi tu sauveras ton âme. >> **EZEKIEL 33 : 8 , 9.**

Par ailleurs à ce propos, vous vous questionnez en ces termes : << Qui est-ce même le méchant ? Qu'est-ce même le mal ? >> Eh bien, les réponses à ces sages interrogations sont simples : Le méchant c'est une personne qui accepte consciemment ce qui mal, qui aime profondément ce qui est mal, qui pratique passionnément ce qui est mal, qui promeut fièrement ce qui est mal et qui protège vigoureusement ce qui est mal ! **PROVERBES 1 : 10 – 33.**

D'autre part, en ce qui concerne la définition du mal, c'est tout simplement le péché et le péché c'est la manifestation de tout ce qui n'est pas bien en pensées, en observations, en paroles et en actions ! **JACQUES 4 : 17.**

Par ailleurs, certains contemporains munis d'une intelligence diabolique me poseront cette question rhétorique : « qu'est-ce que le bien ? » La réponse à cette interrogation malhonnête est simple : le bien est tout ce qui est vertueux, tout ce qui est juste et honnête, tout ce qui est éthique, tout ce qui est salubre, tout ce qui est discipliné et tout ce qui construit !

Cependant, lorsque nous examinons cette ordonnance Divine, nous constatons à quel point LE CREATEUR se soucie pleinement de nos âmes. Il est chagriné à cause de notre piteuse, vicieuse, ténébreuse, abominable et païenne manière d'utiliser le précieux trésor qu'est le libre arbitre qu'il nous a gratuitement et amoureusement donné. De plus, via cette inquiétude Paternelle, nous constatons que L'ETERNEL nous aime follement, d'un amour ineffable, indélébile et intarissable ; que ce soit les Chrétiens comme les païens. Mieux encore, à travers cet amour à nul autre pareil, nous constatons que LE TRIPLE O, donne une énième opportunité à chacun de nous pour se repentir ; puisqu'il ne veut absolument pas qu'à cause de notre entêtement paganique, nous recevons le même salaire et le même dénouement apocalyptique que Satan et ses sujets destructeurs de ce monde !

Dès lors, dans cette thématique, nous allons analyser deux points centraux à savoir :

> ➢ La réception de l'Evangile
> ➢ La négation de l'Evangile

❖ <u>**LA RECEPTION DE L'EVANGILE :**</u>

Comme nous l'avions définit plus haut, Evangéliser c'est prêcher, exhorter, conseiller les contemporains et mieux encore prier pour eux afin que la lumière, le parfum et la sagesse du GLORIEUX SEIGNEUR JESUS CHRIST guident désormais leurs vies. A ce propos, il existe divers moyens et méthodes d'Evangélisation, ça peut être à court régime en prêchant à une ou deux personnes. Ça peut être à moyen régime en prêchant à plusieurs personnes. Et ça peut être à grand régime en prêchant à des milliers, voire des millions de personnes. En outre, l'Evangélisation peut s'opérer de diverses manières soit par les écrits, soit par les chants d'adoration, soit par les programmes médiatiques, soit par les croisades, soit par les descentes dans les lieux publics etc. Ce qui engendre la naissance et l'existence de nobles métiers comme pasteur(e)s, évangélistes, conférencier(ère)s, séminaristes évangéliques, conseiller(ère)s spirituels, exorcistes, chantres, scribes et bien d'autres.

Ainsi, comme j'ai l'habitude de le dire et je le réitère, nos pères spirituels originels notamment les prophètes, les apôtres et le SEIGNEUR JESUS CHRIST allaient de lieu en lieu pour prêcher la véridique parole de DIEU en faisant le bien de diverses façons aux Hommes. **MATTHIEU 9 : 35.** Nous les Chrétiens de ce siècle, héritiers de nos pères, qui sommes-nous pour refuser de perpétrer cette coutume ancestrale ? Pire encore, qui sommes-nous pour oser travestir ce sacré héritage Divin ? C'est d'ailleurs la raison pour laquelle LA LUMIERE du monde nous exhorte : << Allez, faites de toutes les nations des *(mes)* disciples, les baptisant au nom du PERE, du FILS et du SAINT-ESPRIT, et enseignez-leur à observer tout ce que je vous ai prescrit. Et voici, je suis avec vous tous les jours jusqu'à la fin du monde. >> **MATTHIEU 28 : 19, 20.** Mieux encore, il rajoute : << Je voyais Satan tomber du ciel comme un éclair. Voici, je vous ai donné le pouvoir de marcher sur les serpents et les scorpions et sur toute la puissance de l'ennemi et rien ne pourra vous nuire. >> **LUC 10 : 19.**

A cet effet, de quoi avons-nous peur et honte puisque tout l'arsenal Divin du Saint –Esprit est le garant de toutes réelles missions évangéliques ; car le royaume de DIEU ne consiste pas seulement en paroles, mais aussi en forces et en puissance. **1 CORINTHIENS 4 : 20.**

De ce fait, nous devons imiter nos pères spirituels d'antan et présents dans l'évangélisation massive des personnes. Parce que la paganisation quant à elle a atteint des sommets stratosphériques détruisant ainsi massivement les vies. C'est la raison pour laquelle le légendaire apôtre Paul nous recommande vivement d'absorber cette paganisation par l'évangélisation. **2 TIMOTHEE 4 : 1 – 5.**

Par ailleurs, les persécutions de toutes sortes seront inéluctables envers les évangélistes telle est l'immense contrepartie périlleuse de cette noble mission Evangélique. D'ailleurs à cet effet, LE MESSIE confirme : << Partez, voici je vous envoie comme des agneaux au milieu des loups. >> **LUC 10 : 3.**

Ainsi, le redoutable apôtre Paul nous enseigne à riposter aux persécutions non pas par les persécutions, mais avec l'évangélisation dont l'essence même est la parole de DIEU. A ce propos, il affirme : << Repousse les discussions folles et inutiles sachant qu'elles font naitre des querelles. Or il ne faut pas qu'un serviteur du SEIGNEUR ait des querelles, il doit au contraire avoir de la compassion pour tous, être propres à enseigner, doué de patience. Il doit redresser avec douceur les adversaires dans l'espérance que DIEU leur donnera la repentance pour arriver à la connaissance de la vérité et que revenus à leur bon sens, ils se dégageront des pièges du Diable qui s'est emparé d'eux pour les soumettre à sa volonté. >> **2 TIMOTHEE 2 : 23 – 26.**

De même, l'apôtre Pierre consolide vivement cet enseignement en rajoutant : << Car c'est la volonté de DIEU qu'en pratiquant le bien vous réduisiez au silence les Hommes ignorants et insensés, étant libres, sans faire de la liberté un voile qui couvre la méchanceté, mais agissant comme des serviteurs de DIEU. >> **1 PIERRE 2 : 15 , 16.**

D'une manière générale, en tant que soldats et soldates, serviteurs et servantes, imitateurs et imitatrices dont brebis de JESUS CHRIST de Nazareth, nous avons le devoir d'évangéliser nos contemporains ; surtout mettre l'accent sur ceux qui vivent en totale inadéquation avec la Chrétienté décrite dans les maximes Bibliques. C'est dans ce sens que l'indomptable apôtre Paul formule : << Nous vous prions aussi frères, avertissez ceux qui vivent dans le désordre, consolez ceux qui sont abattus, supportez les faibles, usez de patience envers tous. Prenez garde que personne ne rende à autrui le mal pour le mal mais poursuivez toujours le bien, soit entre vous, soit envers tous. >> **1 THESSALONICIENS 5 :14, 15.**


### ❖ <u>LA NEGATION DE L'EVANGILE</u> :

De nos jours, le succès de l'évangélisation est de plus en plus difficile à réaliser à cause du virulent déchainement Diabolique dont nous avions déjà analysé dans le deuxième thème de cet ouvrage.

Toutefois, jadis, Albert Einstein disait : << L'Homme intelligent résout les problèmes. L'Homme sage les évite. Et l'Homme insensé les crée. Et si le monde est rempli de problèmes, il doit y avoir une raison ! >> La raison est évidente comme l'infatigable apôtre Paul le formule : << Car il y en a plusieurs qui marchent en ennemis de la croix de CHRIST, je vous en ai souvent parlé et j'en parle maintenant encore en pleurant. Leur fin sera la perdition, ils ont pour dieu leur ventre, ils mettent leur gloire dans ce qui fait leur honte, ils ne pensent qu'aux choses de la Terre. >> **PHILIPPIENS 3 : 18 , 19.**

Mieux encore, il explicite en rajoutant : << […] Mais ceux qui veulent s'enrichir tombent dans la tentation, dans le piège et dans beaucoup de désirs insensés et pernicieux qui plongent les Hommes dans la ruine et la perdition. Car l'amour de l'argent est une racine de tous les maux et quelques-uns en étant possédés se sont égarés loin de la Foi et se sont jetés eux-mêmes dans bien de tourments. >> **1 TIMOTHEE 6 : 8 – 10.**

A cet effet, nous avons les milliers, des millions et des milliards de personnes qui ont l'aversion de l'Evangile de CHRIST et par conséquent la rejette violemment. C'est la raison pour laquelle LA SOURCE de la Chrétienté atteste : << Lorsqu'on ne vous recevra pas et qu'on n'écoutera pas vos paroles *(lorsqu'on est hostile à L'Evangile prêché)* sortez de cette maison ou de cette ville et secouez la poussière de vos pieds. Je vous le dis en vérité, au jour du jugement, le pays de Sodome et de Gomorrhe sera traité moins rigoureusement que cette ville-là *(parce que contrairement à nous, les Sodomites et les Gomorrhéens n'ont pas été évangélisé, ni avertit !)* >> **MATTHIEU 10 : 14 , 15.**

De même, l'invincible apôtre Paul nous exhorte : << Eloigne de toi après un premier et un second avertissement, de celui qui provoque des divisions, sachant qu'un Homme de cette espèce est perverti et qu'il pèche en se condamnant lui-même. >> **TITE 3 : 10 , 11.**

A ce propos, pourquoi tant de sévérité et fermeté ? Parce ce que les brebis et les loups ne peuvent cohabiter dans le même enclos ! Parce que le blé et l'ivraie ne peuvent évoluer dans le même écosystème ! Parce que les Chrétiens et les païens ne peuvent avoir le même salaire encore moins le même dénouement ; puisque chaque parti a usé de son libre arbitre pour faire son choix de vie, en l'occurrence soit vivre en adéquation avec Satan et ses démons, soit vivre en adéquation avec JESUS CHRIST et le SAINT-ESPRIT !

D'ailleurs, l'apôtre de la grâce l'explique clairement en ces termes : << L'apparition de cet impie se fera par la puissance de Satan avec toutes sortes de miracles, de signes et de prodiges mensongers, et avec toutes les séductions de l'iniquité pour ceux qui périssent parce qu'ils n'ont pas reçu l'amour de la vérité pour être sauvés. Aussi DIEU leur envoie une puissance d'égarement pour qu'ils croient au mensonge afin que tous ceux qui n'ont pas cru à la vérité, mais qui ont pris plaisir à l'injustice, soient condamnés. >> **2 THESSALONICIENS 2 : 9 – 12.**

De ce fait, cet esprit d'égarement du CREATEUR est imputé aux personnes qui se sont elles-mêmes et volontairement enregistrées dans le parti du Diable ; en militant ainsi les mêmes causes paganiques et les mêmes programmes démoniaques établis par leur leader Satan. Il est donc évident et juste que ces militants reçoivent le même salaire et le même dénouement que leur chef ; dont la perdition et la désolation éternelle !

Mieux encore, le déploiement de cet esprit d'égarement par le BON DIEU sur nombreux d'entre nous est la preuve que ces derniers ont atteint un degré d'infamie, de méchanceté, de cruauté, de sacrilèges, d'exécrations et d'abominations à nul autre pareil. Il est donc évident et juste que ces impies et antéchrists reçoivent le même salaire et le même dénouement que méritent leurs actes inhumains et démoniaques !

Voici la fin du discours : << Les Chrétiens sont des personnes qui sont à la fois intelligentes et sages, car résolvent et évitent les problèmes. Et si le monde est si surchargé de problèmes, c'est justement à cause d'une carence de Chrétiens ! >>

<< Si tu obéis à la voix de L'ETERNEL ton DIEU en observant et en mettant en pratique tous ses commandements que je te prescris aujourd'hui, L'ETERNEL ton DIEU te donnera la supériorité sur toutes les nations de la terre. Voici toutes les bénédictions qui se répandront sur toi et qui seront ton partage, lorsque tu obéiras à la voix de L'ETERNEL ton DIEU […] Mais si tu n'obéis point à la voix de L'ETERNEL, ton DIEU, si tu n'observes pas et ne mets pas en pratique tous ses commandements et toutes ses Lois que je te prescrits aujourd'hui, voici toutes les malédictions qui viendront sur toi et qui seront ton partage […] >> **DEUTERONOME 28 : 1 – 68.**

'' Quiconque a des oreilles pour entendre, entende et du discernement pour comprendre, comprenne ! ''

# THEME 10 : LA MARQUE DES GRANDS HOMMES

Epuis la création du monde jusqu'à nos jours, l'humanité a regorgé et continue de regorger de grands Hommes, de toute race, tout âge et de tout sexe. Il s'agit généralement des individus fortunés, puissants et célèbres omniprésents dans tous les domaines d'activités dont les plus prépondérants sont le politique, le scientifique, le militaire, l'éducatif, le sanitaire, le social, le culturel, le sportif, le religieux etc. Cependant, qu'est-ce qu'un grand Homme ? Est-ce une personnalité riche, influente et populaire ? A mon avis non ! Pour ma part, un grand Homme est une personne qui possède une moralité, une personnalité, une éthique strictement supérieure aux lois mondaines actuelles. En d'autres termes, un grand Homme est une personne qui fait toujours passer les autres avant elle, qui priorise toujours les intérêts des autres avant les siens. Ce noble comportement est naturellement instinctif mais la majorité humaine l'identifie comme de la naïveté, de l'inconscience et de la bêtise. Et c'est normal que leur pensée est ainsi faussée ; car ils ne sont pas de grands Hommes !

D'ailleurs c'est dans ce sens que le plus GRAND HOMME de toute l'histoire de l'humanité JESUS CHRIST de Nazareth LA LUMIERE du monde formule : << […] Mais quiconque veut être grand parmi vous, qu'il soit votre serviteur et quiconque veut être le premier parmi vous, qu'il soit votre esclave. C'est ainsi que le Fils de L'HOMME est venu non pour être servi, mais pour servir et donner sa vie comme rançon de plusieurs. >> **MATTHIEU 20 : 26 – 28.**

En outre, LE MESSIE rajoute : << Le plus grand parmi vous sera votre serviteur. Quiconque s'élèvera sera abaissé et quiconque s'abaissera sera élevé. >> **MATTHIEU 23 : 11, 12.**

Mieux encore, le BON BERGER confirme : << […] Mais que le plus grand parmi vous soit comme le plus petit et celui qui gouverne comme celui qui sert. Car quel est le plus grand, celui qui est à table, ou celui qui sert ? N'est-ce pas celui qui est à table ? Et moi cependant, je suis au milieu de vous comme celui qui sert. >> **LUC 22 : 26 , 27.**

Tel est exactement de la sorte qu'il vivait, c'est précisément ce qu'il faisait, c'est réellement de cette manière qu'il se comportait à savoir servir les autres, se rabaisser pour élever les autres, se priver pour donner aux autres, se sacrifier pour sauver les autres. Telle est l'identité même d'un grand Homme. **JEAN 13 : 1 – 20** .

Toutefois, il est impérieux de préciser que ce comportement naturellement instinctif puise sa source dans la plus grande des vertus qu'est L'amour. Ainsi, un grand Homme est une personne qui est munie de l'amour inconditionnel pour son prochain. C'est la raison pour laquelle le redoutable apôtre Paul affirme : << Quand je parlerais les langues des Hommes et des anges, si je n'ai pas l'amour, je suis un airain qui résonne ou une cymbale qui retentit […] Et quand je distribuerai tous mes biens pour la nourriture des pauvres, quand je livrerai même mon corps pour être brûlé, si je n'ai pas l'amour, cela ne sert à rien […] >> **1 CORINTHIENS 13 : 1 – 13.**

Cependant, l'apôtre de la grâce, grand homme formé par le GRAND HOMME, nous explique que cette grandeur est marquée par une essence, une attitude, un état d'esprit qu'il nomme : « Le fruit de la lumière. » Etrange coïncidence car le fruit de la lumière n'est-il pas de pair avec la LUMIERE du monde ? A ce propos, le légendaire apôtre Paul formule : << Autrefois vous étiez ténèbres et maintenant vous êtes lumière dans le SEIGNEUR. Marchez comme des enfants de lumière ! Car le fruit de la lumière consiste en toute sorte de bonté, de justice et de vérité. >> **EPHESIENS 5 : 8 , 9.**

Dès lors, nous allons développer dans cette thématique les caractéristiques de la marque des grands Hommes qui sont entre autre les fruits de la lumière à savoir :

- ➢ La bonté
- ➢ La justice
- ➢ La vérité


### ❖ <u>LA BONTE</u> :

De nos jours, cette vertu vitale à l'épanouissement et au bonheur de l'humanité disparait progressivement ; et ceci à cause de l'insensibilité, de la rivalité et de la méchanceté des Hommes. Or la bonté est la capitaine de l'équipe qu'est le fruit de la lumière:

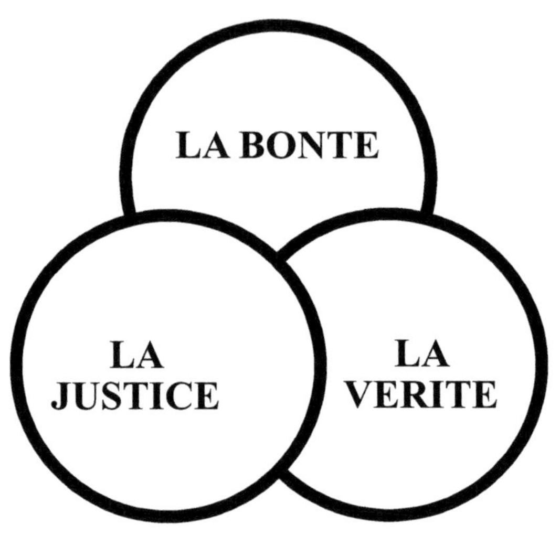


## LE FRUIT DE LA LUMIERE

Ainsi, le SEIGNEUR nous enseigne l'art de la bonté via sa célèbre pédagogie intitulée : « Le bon Samaritain » **LUC 10 : 25 – 37.** Nous pouvons ainsi dire que ce Samaritain est à la fois un bon et un grand homme !

Par ailleurs, LE SAUVEUR a fait et continue de faire infiniment plus que le bon Samaritain, car il est le Samaritain par excellence puisque :

Premièrement, il a laissé son glorieux trône Divin, il s'est envelopper d'un corps charnel à problèmes, il est venu dans ce monde injuste, inculte et occulte royaume de Satan afin de nous apprendre et de nous montrer comment utiliser le libre-arbitre et surtout comment vivre en totale adéquation avec DIEU LE CREATEUR. **PHILIPPIENS 2 : 5 – 11.**

Deuxièmement, il nous a et continue de nous faire du bien en tout temps, en tous lieux et de toutes manières ; en nous assagissant, en nous nourrissant, en nous guérissant, en nous dépossédant des forces démoniaques omniprésentes dans nos corps, en résolvant nos problèmes irrésolvables via les miracles et en effaçant nos multiples et diverses difficultés quotidiennes par sa grâce Divine. Et toutes ces faveurs, il le fait amoureusement, journellement et gratuitement. **MATTHIEU 9 :35**

Troisièmement, il a chargé sur lui tous nos multiples et diverses offenses conscientes et inconscientes envers nous-même, envers nos semblables et surtout envers LE PERE CELESTE ; afin de les vider dans le séjour des morts par le biais de son héroïque sacrifice qu'est sa Crucifixion. De même, grâce à son nom Tout-Puissant et son sang surpuissant, il continue de nous déchargés de nos innombrables péchés, iniquités et abominations ; en nous rendant ainsi dignes de lui, pour vivre la vraie vie, dans le vrai monde et auprès du seul vrai DIEU qui est nul autre que PAPA YAHWE LE CREATEUR DE L'UNIVERS. **COLOSSIENS 2 : 8 – 15.**

Ainsi, suite à ces actes philanthropiques et uniques, nous pouvons donc déduire que JESUS CHRIST de Nazareth est la bonté par excellence. De ce fait, jugez par vous-même : si de tels actes ne constituent pas un grand Homme, quels actes le constituent-ils ?

Cependant, combien d'entre nous sont-ils dépourvus de bonté envers les contemporains ? Combien d'entre nous usons-nous de méchanceté et de cruauté pour atteindre leurs buts qui sont toujours pour la plus part motivés par la possession abondante et surabondante de l'argent, du pouvoir et de la gloire ? C'est d'ailleurs la raison pour laquelle le sage roi Salomon nous exhorte : << Retiens l'instruction, ne t'en dessaisis pas, garde-là, car elle est ta vie. N'entre pas dans le sentier des méchants et ne marche pas dans la voie des Hommes mauvais. Evite- là n'y passe point, détourne toi en et passe outre. Car ils ne dormiraient pas s'ils n'avaient fait de mal. Le sommeil leur serait ravi s'ils n'avaient fait tomber personne. Car c'est le pain de la méchanceté qu'ils mangent, c'est le vin de la violence qu'ils boivent [...] La voie des méchants est comme les ténèbres, ils n'aperçoivent pas ce qui les fera tomber. >> **PROVERBES 4 : 14 – 19.**

De ce fait, aussi insensibles, irréligieux et irréfléchis que nous sommes, nous savons parfaitement au plus profond de nos âmes que faire du bien à autrui, c'est faire du bien à soi-même, et par conséquent faire du mal à autrui c'est se faire du mal à soi-même !


❖ <u>**LA JUSTICE :**</u>

En voici une vertu qui est présente sur toutes les lèvres humaines au point où elle est devenue un slogan : « Justice pour ci ! Justice pour ça ! » Et c'est normal que nos âmes réclament la justice parce qu'elle est en train de disparaitre exponentiellement dans le monde. Elle disparait exponentiellement dans le monde puisque le dirigeant du monde, et ses sujets sont injustes. **1 JEAN 5 : 19 – 21.**

Toutefois, dans la notion de justice, nous retrouvons également la notion de fidélité, de loyauté et de de vérité ; en ce qui concerne la vérité, nous en reparlerons dans les lignes suivantes.

Ainsi, depuis l'existence de l'humanité jusqu'à nos jours, il n'y a pas eu un Homme juste, fidèle et loyal comme JESUS CHRIST de Nazareth. Nous l'observons grandement via la triple tentation Diabolique à son égard. **MATTHIEU 4 : 1 – 10.**

Vu sur cet angle, face à une inanition et une soif mortuaire, le SEIGNEUR JESUS CHRIST est resté fidèle à la volonté de DIEU. En outre, face à un soleil accablant et une chaleur incendiaire le jour ainsi qu'une froideur anémique la nuit ; le SAUVEUR JESUS CHRIST est resté loyal à son PERE CELESTE. Mieux encore, face à une solitude schizophrénique et une condition corporelle maladive, LE MESSIE JESUS CHRIST a éjecté le tentateur ; ce dernier qui s'échinait en vain à détruire sa fidélité, sa loyauté et sa justice envers le DIVIN. Et on constate avec euphorie que sa justice, sa loyauté et sa fidélité ont été majestueusement et divinement récompensées. **MATTHIEU 4 : 11.**

D'ailleurs, c'est dans ce sens que le sage roi Salomon formule : << Le malheur poursuit ceux qui pèchent *(les injustes, les infidèles, les déloyaux etc.)* Mais le bonheur récompense les justes. >> **MATTHIEU 13 : 21.**

Ainsi, suite à ces actes angéliques, nous pouvons donc déduire que JESUS CHRIST de Nazareth est la justice par excellence. De ce fait, jugez par vous-même : si de tels attributs ne constituent pas un grand Homme, quels attributs le constituent-ils ? Imitons de telles pratiques afin de devenir les meilleures versions de nous-mêmes et par conséquent devenir dignes de JESUS CHRIST de Nazareth !

Par ailleurs, combien d'entre nous font-ils preuve de trahison, de traitrise, d'infidélité, de déloyauté, de duplicité et d'injustice au profit de leur petite personne ? Combien d'entre nous abandonnent-ils la Chrétienté pour pactiser avec les sectes pernicieuses dans l'optique de devenir de grands Hommes, version mondaine ? Car pour Satan, souverain de ce monde injuste, inculte et occulte : « Est grand Homme quiconque possède la richesse, le pouvoir et la gloire ; qu'importe la manière et les moyens utilisés ! » Mais c'est une contre vérité, c'est-à-dire qu'elle est à la fois véridique et mensongère. Véridique parce que le GRAND HOMME JESUS CHRIST la LUMIERE du monde est RICHE, PUISSANT et CELEBRE ! Mensongère car la possession de ce trio mondain ne garantit aucunement de faire de soi un grand Homme ; d'ailleurs LE GRAND HOMME le confirme : << […] Vous, vous cherchez à paraitre justes *(à paraitre grands, importants, influents, donc indispensables)* devant les Hommes, mais DIEU connait vos cœurs *(mais DIEU connait la bassesse, la petitesse et la misérabilité de vos personnalités)* ; car ce qui est élevé parmi les Hommes est une abomination devant DIEU ! >> **LUC 16 : 15.**

❖ <u>**LA VERITE :**</u>

LE SEIGNEUR JESUS CHRIST a toujours dit la vérité, d'ailleurs un antéchrist l'a reconnu via l'une de ses célèbres chansons en confirmant : « JESUS CHRIST never lied still was crucified ! »

Ainsi, le MESSIE dit toujours la vérité en ce qui concerne les petites, les moyennes et les grandes choses. De même, il dit toujours la vérité en ce qui concerne l'imitation de son mode de vie qu'est la Chrétienté. De plus, il dit toujours la vérité en ce qui concerne les enjeux de la Chrétienté, notamment en mettant l'accent sur les effets persécuteurs, tortueux et malheureux de cette dernière. Mieux encore, il dit toujours la vérité en ce qui concerne le dénouement salvateur, glorieux et heureux de la Chrétienté. **JEAN 16 : 10 – 24.**

LA LUMIERE du monde dit toujours la vérité, contrairement à l'obscurité du monde, Satan le dernier des Hommes ; être ingrat, inintelligent, indigne de confiance, limité et limitable. Créateur et expert pratiqueur du mensonge. Lui qui séduisit notre ancêtre originelle Eve en lui disant des contre- vérités, donc des mensonges. **GENESE 3 : 1 – 24.**

Mais le Diable ne lui a pas dit que dorénavant, qu'elle travaillera acharnement pour se nourrir. Il ne lui a pas dit qu'elle enfantera dans une atroce douleur, susceptible même de lui ôter la vie. Il ne lui a pas dit que son fils ainé assassinera son fils cadet. Il ne lui a pas dit que ses descendants s'entretueront de génération en génération et de siècle en siècle. Il ne lui a pas dit qu'elle vieillira, ni que sa beauté phénoménale s'atrophiera, ni que sa santé inébranlable s'estompera. Il ne lui a pas dit qu'elle souffrira et mourra. Car si il le lui avait dite toutes ces réalités, notre bisaïeule Eve n'aurait jamais et jamais signée ce contrat mensonger et maléfique. Si elle savait toutes ces choses, à jamais et à jamais elle aurait transgressée la restriction Divine.

Vu sur cet angle, nous pouvons déduire que cette vérité diabolique véhiculée à Eve n'était que mensonge, tromperie, duperie, escroquerie ; car si elle le savait, elle ne serait jamais tombée dans ce piège Satanique et ainsi activée la malédiction de l'humanité. Bref assez parler de la calamité Satan, le dernier des Hommes, revenons à la divinité JESUS CHRIST LE GRAND HOMME !

Dès lors, face aux multiples accusations mensongères et blasphématoires, face à une condamnation et à une mort douloureuse devant Ponce Pilate, le BON BERGER a toujours dit la vérité : « Es-tu le Roi des Juifs ? Demanda Ponce Pilate à JESUS. Oui je le suis ! Répondit CHRIST à Ponce Pilate. » **MATTHIEU 27 : 1 – 54.** Or grâce à ses puissants pouvoirs Divin, il pouvait facilement s'innocenter en plaidoyant juridiquement et raisonnablement pour sa libération immédiate, mais il ne l'a pas fait. Il pouvait échapper à cette humiliation, il pouvait échapper à cette condamnation mortuaire injuste et brutale ; mais il ne l'a pas fait mais à préférer se taire, souffrir et mourir au nom de la vérité, car cette dernière est ancrée dans ses gênes.

Ainsi, suite à ces actes héroïques, nous pouvons donc déduire que JESUS CHRIST de Nazareth est la vérité par excellence. De ce fait, jugez par vous-même : si une telle attitude ne constitue pas un grand Homme, quelle attitude le constitue-il ?

Par ailleurs, combien d'entre nous gagnons-nous nos vies en mentant, en trichant et en volant ? Nous savons intérieurement à quel point et à quel degré nous mentons, nous faisons le mal pour gagner de l'argent, des richesses, du pouvoir de décision, de l'estime, de la notoriété, des faveurs et de la gloire etc. Et le pire c'est que nous n'éprouvons aucune gêne, aucune culpabilité, aucune honte, aucun regret et aucun remord ; à savoir si nous sommes des Hommes ou des démons ? En outre, nous trouvons que mentir qui est l'usage de la création Diabolique est normal, profitable et rentable donc salutaire. Cette habitude mensongère fait-elle de nous des imitateurs de JESUS CHRIST ou des imitateurs de Satan ?

Voilà pourquoi L'ELU nous dit : << La lumière est encore pour un peu de temps au milieu de vous. Marchez pendant que vous avez la lumière afin que les ténèbres ne vous surprennent point. *(Vous n'êtes pas immortels car la mort est votre destin le plus certain ; et DIEU n'est pas le DIEU des morts, mais plutôt des vivants)* Celui qui marche dans les ténèbres ne sait où il va. Pendant que vous avez la lumière, croyez en la lumière afin que vous soyez des enfants de lumière […] *(durant votre vie, imiter JESUS CHRIST, vivez comme lui car celui qui le fait sait exactement où il va et où il finira !)*>> **JEAN 12 : 35 , 36.**


Voici la fin du discours : << La vraie vie, dans le vrai monde, auprès du seul vrai DIEU est le dénouement des grands Hommes ; car le GRAND HOMME JESUS CHRIST de Nazareth reconnait les siens ! >>

<< C'est bien de prospérer dans la vie, mais c'est mieux de prospérer dans la mort ; car après la mort, vient le jugement : soient les supplices infinies, soit la prospérité éternelle. Seuls les grands Hommes le savent ! >>

 << La marque des grands Hommes, c'est la possession et la manifestation du fruit de la lumière ! >>

<< La grandeur n'appartient pas à ceux qui recherchent la grandeur, mais à ceux qui recherchent le bien, la justice et la vérité ! >>

<< Celui qui poursuit la justice et la bonté trouve la vie, la justice et la gloire. >> **PROVERBES 21 : 21.**

<< Heureux les pauvres en esprits […] Heureux ceux qui sont persécutés pour la justice, car le royaume des cieux est à eux *(Heureux sont les individus dépourvus de l'esprit du monde qui stipule que le secret du bonheur c'est la recherche acharnée, la possession illimitée et la jouissance passionnée des richesses terrestres et des plaisirs charnels)* >> **MATTHIEU 5 : 3 , 10.**

<< Car DIEU, ce me semble a fait de nous apôtres *(les Chrétiens, dont les grands Hommes)* les derniers des Hommes, des condamnés à mort en quelque sorte, puisque nous avons été en spectacle au monde, aux anges et aux Hommes >> **1 CORINTHIENS 4 :9.**

<< Soyez mes imitateurs, comme je le suis moi-même de CHRIST *(Soyons tous des imitateurs du GRAND HOMME JESUS CHRIST de Nazareth LA LUMIERE du monde)* >> **1 CORINTHIENS 11 : 1.**

'' Quiconque a des oreilles pour entendre, entende et du discernement pour comprendre, comprenne ! ''

# THEME 11 : LA SURPRISE POST-MORTUAIRE

L A mort est la cessation de la vie charnelle engendrant le début de la vie spirituelle ! La mort est notre destin le plus certain ! Que nous le voulions ou pas, que nous soyons prêts ou non, elle nous emportera tous ! D'ailleurs le sage Ben Sira le confirme : << […] Toute chair vieillît *(tout humain)* comme un vêtement ; c'est la Loi éternelle : « Tu dois mourir ! *(que tu le veuilles ou pas, tu vas mourir en jour !)* >> **SIRACIDE 14 : 11 – 19.**

A cet effet, l'apôtre de la grâce nous donne des conseils avisés en nous exhortant : << Ne méprisez pas les prophéties, mais examinez toutes choses, retenez ce qui est bon ; abstenez-vous de toute espèce de mal ! >> **1 THESSALONICIENS 5 : 20 – 22.** Il nous prodigue ces exhortations parce que plusieurs d'entre nous sont maladivement iniques et incrédules. Ces derniers sont tellement incrédules car aiment voir avant de croire et parfois même, ils sont pire que l'apôtre Thomas puisque lorsqu'ils voient, ils ne croient toujours pas ; d'où le caractère maladif de leur incrédulité. Mais inéluctablement, qu'ils le veuillent ou non, ils finiront par voir, par croire et par recevoir le désespoir que mérite leur iniquité et leur incrédulité.

C'est d'ailleurs à ce propos que LE MESSIE prophétisa : << Ceux qui me disent ; « SEIGNEUR, SEIGNEUR ! » n'entreront pas tous dans le royaume des cieux, mais celui-là qui fait la volonté de mon PERE qui est dans les cieux. Plusieurs me diront en ce jour : « SEIGNEUR, SEIGNEUR, n'avons-nous pas prophétisé par ton nom ? N'avons-nous pas chassé des démons par ton nom ? Et n'avons-nous pas fait beaucoup de miracles par ton nom ? » Alors je leur dirai ouvertement : « Je ne vous ai jamais connus, retirez-vous de moi, vous qui commettez l'iniquité ! » >> **MATTHIEU 7 : 21 – 23.** Prophétie inquiétante et effrayante suscitant une sérieuse et profonde méditation intérieure !

Dès lors, dans ce thème, nous allons nous focaliser sur trois points centraux à savoir :

> ➤ Le péché et l'iniquité
> ➤ Pourquoi nombreux seront-ils surpris ?
> ➤ Comment échapper à cette surprise post-mortuaire ?

❖ **<u>LE PECHE ET L'INIQUITE :</u>**

Ces deux notions vicieuses sont similaires tant sur la forme que sur le fond, d'ailleurs l'apôtre Jean le confirme en attestant : << Toute iniquité est un péché […] >> **1 JEAN 5 : 17.** Cependant, il existe une infime différence entre ces deux vices ; et c'est cette dernière qui provoque l'inimitié Céleste, celle-ci qui engendre inéluctablement la malédiction Divine. Cette disgrâce Divine est habituellement en sourdine, dissolue et invisible socialement ; mais elle est surchargée d'une virulence inouïe, d'un effet dévastateur se caractérisant par d'acerbes drames intérieurs poignants et pathétiques incurables. Et seules les victimes le savent parfaitement. Malgré leur grande prospérité sociale, leurs fortunes, leurs pouvoirs de décision, leurs célébrités, ces victimes sont journellement angoissées dans leurs âmes car n'ont pas la Paix, qui est la lumière du véritable bonheur. Bref ils n'ont ni la paix des Hommes, encore moins celle du CREATEUR, car ils sont tout simplement maudits ! Le comble, c'est que ces victimes ne peuvent expliquer avec exactitude et précision les raisons de leur mal-être, les motifs de ce qui les enlève la Paix. Or il n'y a pas plusieurs raisons, mais juste une seule qui n'est rien d'autre que la Malédiction Divine !

A cet effet, cette malédiction Divine se nomme « L'esprit d'égarement » et signifie que :

- LE CREATEUR lave ses mains sur ces personnes !
- LE CREATEUR catalogue ces personnes tels ses ennemis !
- LE CREATEUR endurcit les cœurs et les moralités de ces personnes !
- LE CREATEUR livre ces personnes à Satan !
- LE CREATEUR maudit ces personnes !
- LE CREATEUR réserve à ces personnes le même dénouement chaotique et apocalyptique qu'il réserve à Satan !
- LE CREATEUR impute à ces personnes le sceau du malheur et de la mort éternel !

C'est dans ce sens que le redoutable apôtre Paul formule : << La colère de DIEU se révèle du ciel contre toute impiété et toute injustice des Hommes qui retiennent injustement la vérité captive […] Ils sont donc inexcusables […] C'est pourquoi DIEU les a livrés à l'impureté, selon les convoitises de leurs cœurs, en sorte qu'ils déshonorent eux-mêmes leurs propres corps […] eux qui ont changé la vérité de DIEU en mensonge et qui ont adoré et servi la créature au lieu du CREATEUR qui est béni éternellement. AMEN ! C'est pourquoi DIEU les a livrés à des passions infâmes ; car leurs femmes ont changé l'usage naturel en celui qui est contre nature […] Comme ils ne se sont pas souciés de connaitre DIEU, DIEU les a livrés à leur sens réprouvé pour commettre des choses indignes, étant remplis de toute espèce d'injustice, de méchanceté, de cupidité, de malice, pleins d'envie, de meurtre, de querelle, de ruse, de malignité […] Et bien, qu'ils connaissent le jugement de DIEU, déclarant dignes de mort ceux qui commettent de telles choses, non seulement ils les font, mais ils approuvent ceux qui les font ! >> **ROMAINS 1 : 18 – 32.**

Mieux encore, l'apôtre de la grâce rajoute en précisant : << Aussi DIEU leur envoie une puissance d'égarement pour qu'ils croient au mensonge, afin que tous ceux qui n'ont pas cru à la vérité, mais pris plaisir à l'injustice, soient condamnés. >> **2 THESSALONICIENS 2 : 11 , 12.** Au nom de quoi courons-nous le risque d'être des victimes de telles malédictions ? Au nom de quoi courons-nous le risque de nous mettre à dos en ayant pour ennemi DIEU LE CREATEUR ? Au nom de la fortune, du pouvoir et de la gloire ? Pour ma part, ça n'en vaut pas la peine, c'est trop cher payé car j'ai minusculement à gagner mais infiniment tout à perdre !!!

Dès lors, la différence existante entre le péché et l'iniquité est la suivante : le péché c'est le mal et le mal c'est la manifestation de tout ce qui n'est pas bien en choix, en pensée, en paroles en observation et en actions. Par contre, l'iniquité quant à elle est l'amour démesuré, la pratique délibérée, passionnée et justifiée du péché ; totalement dépourvue de toute gêne, de toute culpabilité, de toute honte, de tous regrets et de tous remords. En d'autres termes, l'iniquité est la version exagérée et inégalée du péché.

Ainsi, vu sur cet angle, nous pouvons raisonnablement dire que l'iniquité est une appartenance Sataniquo-démoniaque, d'où la raison qui pousse L'ELU à affirmer : << […] Je ne vous ai jamais connus, retirez-vous de moi, vous qui commettez l'iniquité. >> **MATTHIEU 7 : 23**


### ❖ <u>POURQUOI NOMBREUX SERONT-ILS SURPRIS ?</u>

Suite aux diverses réflexions développées ci-dessus, y compris celles contenues dans cet ouvrage en général, nous pouvons déjà avoir des réponses évidentes à cette problématique. Ces raisons sont tellement légions et sont complémentaire pour la plus part. Ce monde est abondamment terrible, horrible, exécrable, injuste, inculte et occulte à cause de ses habitants, spécifiquement les Hommes. Les innombrables fléaux mondiaux qui plongent l'humanité dans le malheur se maximisent et se pérennisent toujours à cause de l'inaction des Hommes. Ainsi, nous allons donner juste deux bonnes raisons pour lesquelles la surprise post-mortuaire sera le propre de plusieurs personnes.

Nombreux seront surpris parce que de nombreux individus sont méchants ! Je parle notamment des hommes et des femmes incultes, impies, iniques et incrédules qui ont pour mode de vie la destruction qu'est le paganisme. C'est d'ailleurs la raison pour laquelle LE TOUT-PUISSANT lui-même confirme : << Certainement mon peuple est fou, il ne me connait pas, ce sont des enfants insensés, dépourvus d'intelligence, ils sont habiles pour faire le mal, mais ils ne savent pas faire le bien *(ils me connaissent, mais ne m'aiment pas, ni me respectent. Ils connaissent mes Lois, mais ne les pratiquent pas. Ils savent faire ce qui est bien, mais ne le font pas. Ils ne le font pas parce qu'ils ne le veulent pas. Ils ne le veulent pas, parce qu'ils sont méchants !)* **JEREMIE 4 : 22.**

De même, lorsque nous lisons et méditons sur la maxime véhiculée par LA LUMIERE du monde dans **LUC 13 : 22 – 35**, nous pouvons donc nous demander : « Qu'est-ce qui alimente et immortalise une telle impiété, incrédulité et une telle iniquité de plusieurs; si ce n'est rien d'autre que leur méchanceté ? » « Pourquoi certains sont-ils habiles à pratiquer le mal et en faire leur mode de vie, mais pourquoi sont-ils complètement stériles pour exercer le bien et en faire leur mode de vie ? La réponse n'est-elle pas leur méchanceté ?»

A ce propos, pour paraphraser un grand esprit, nous pouvons donc conclure que la maximisation et la pérennisation du mal dans le monde sont les conséquences des actions des Hommes mauvais ! L'indomptable apôtre Paul le confirme dans **2 TIMOTHEE 3 : 1 – 5.**

De ce fait, vous me poserez la question de savoir ce que signifie un Homme méchant ? J'ai déjà il me semble répondu à cette question dans les précédents thèmes ; mais le rappel est un pilier de la sauvegarde du savoir, alors je vais le rabâcher ! Eh bien, pour ma part, je pense fermement qu'un Homme mauvais est une personne qui accepte consciemment ce qui est mal, qui aime démesurément ce qui est mal, qui pratique passionnément ce qui est mal, qui promeut fièrement ce qui est mal, qui protège vigoureusement ce qui est mal ; et ceci sans éprouver la moindre honte, gêne, culpabilité, le moindre regret et remord ! Or nous savons tous pertinemment que le mal, c'est le péché et le péché, c'est la manifestation de tout ce qui n'est pas bien en choix, en pensées, en observations, en paroles et en actions !

Ainsi, suite à cette notion de méchant, le sage roi Salomon dans son célèbre livre intitulé « PROVERBES » fait 38 fois allusion au méchant. Par exemple, il formule : << L'âme du méchant désire le mal, son ami(e) ne trouve pas grâce à ses yeux *(L'Homme mauvais n'a pas d'ami(e) car il n'aime, ni ne considère, ni ne respecte absolument personne sauf lui-même.)* >> **PROVERBES 21 : 10.**

En outre, dans sa légendaire œuvre intitulée : « ECCLESIASTE » le Sage roi Salomon mentionne à 05 reprises la notion de méchant. << J'ai vu tout cela pendant les jours de ma vanité. Il y a tel juste qui périt dans sa justice et il y a tel méchant qui prolonge son existence dans sa méchanceté. Mais le bonheur n'est pas pour le méchant […] parce qu'il n'a pas de la crainte devant DIEU. >> **ECCLESIASTE 7 : 15 / 8 : 13.**

Dès lors, je me pose toujours la question de savoir pourquoi de nombreux individus sont-ils si méchants ?

> ➢ <u>PARCE QU'ILS SONT DES ENFANTS DE SATAN</u> :

Certes, nous sommes tous des créatures du BON DIEU, mais hélas, nous ne sommes pas tous ses enfants, ses serviteurs et servantes, ses soldats et soldates, ses fils et filles ainsi que ses brebis ! Parce que nombreux sont des enfants de Satan, puisqu'ils acceptent délibérément ce qu'il prône, ils aiment intensément ce qu'il crée, ils pratiquent passionnément ce qu'il autorise, ils promeuvent activement ce qu'il légalise et ils protègent vigoureusement son ministère démoniaque de destruction de l'humanité ! Tel parent, tels enfants !

De ce fait, les enfants du Diable font et vivent comme ils veulent et en totale adéquation avec les désirs de la chair qui est sont leurs dieux. Ils vivent pour les satisfaire en les pratiquants. Ils méprisent, vomissent, renient et défient leur CREATEUR en vivant exactement comme leur père Satan leur demande de vivre ; en l'occurrence, vivre en harmonie avec les désirs charnels car : « tout est permis et tout est utile ! Tout ce qui procure le bien est bien ! » Dixit Satan le Chérubin déchu, Créateur et pratiqueur du mensonge !

A ce propos, le redoutable apôtre Paul nous exhorte : << […] Or les œuvres de la chair sont manifestes ce sont l'impudicité, l'impureté, la dissolution, l'idolâtrie, la magie, les inimitiés, les querelles, les jalousies, les animosités, les disputes, les divisions, les sectes, l'envie, l'ivrognerie, les excès de table et les choses semblables. Je vous dis d'avance comme je l'ai déjà dit que ceux qui commettent de telles choses n'hériteront point le royaume de DIEU. >> **GALATES 5 : 16 – 21.**

En outre, les enfants de Satan sont reconnaissables par leur amour démesuré du monde, des choses omniprésentes dans le monde en l'occurrence les richesses terrestres, les plaisirs charnels et la gloire mondaine. C'est dans ce sens que l'apôtre de la grâce nous affirme : << Car il en est plusieurs qui marchent en ennemis de la croix de CHRIST, je vous en ai souvent parlé et j'en parle maintenant en pleurant. Leur fin sera la perdition, ils ont pour dieu leur ventre, ils mettent leur gloire de ce qui fait leur honte, ils ne pensent qu'aux choses de la terre. >> **PHILIPPIENS 3 : 18 , 19.**

De même, les enfants du Diable sont ceux-là qui immortalisent les vices qui suscitent la déception de L'ETERNEL, d'ailleurs ils en font un mode de vie qu'ils promeuvent autour d'eux et ce qui engendre une contamination vicieuse. Cette dernière se propage plus ou moins vite et occasionne une épidémie mondiale qui est le paganisme ! Voilà pourquoi le légendaire apôtre Paul nous exhorte : << Faites donc mourir les membres qui sont sur la Terre, l'impudicité, l'impureté, les passions, les mauvais désirs et la cupidité qui est une idolâtrie .C'est à cause de ces choses que la colère de DIEU vient sur les fils *(et les filles)* de la rébellion.*(La surprise post-mortuaire est réservée pour les enfants de la rébellion)* >> **COLOSSIENS 3 : 5 , 6.**

D'une manière générale, nombreux hériteront la surprise apocalyptique du CREATEUR parce qu'ils sont iniques, incrédules et méchants. Ils sont si méchants parce qu'ils sont des enfants du Diable. Ils sont des enfants de Satan parce qu'ils adorent et pratiquent les commandements de ce dernier, parce qu'ils renient et se rebellent contre leur CREATEUR ; et surtout parce que LE DIVIN leur a imputé l'esprit d'égarement.


❖ <u>**COMMENT ECHAPPER A CETTE MALHEUREUSE SURPRISE POST-MORTUAIRE ?**</u>

En d'autres termes, comment arrêter d'être iniques, incrédules, méchants et enfants de Satan ? Pour se faire, il existe une pluralité de méthodes efficaces, mais nous allons analyser juste trois d'entre elles à l'instar de :


➢ <u>SE REPENTIR :</u>

Se repentir, c'est premièrement reconnaitre, accepter et admettre que nos actes, dont notre mode de vie actuel est vicieux et par conséquent est en totale inadéquation avec les recommandations du TOUT-PUISSANT, ces dernières qui sont vertueuses. **2 SAMUEL 12 : 1 – 15.**

En outre, se repentir, c'est profondément regretter son passé paganique en demandant sincèrement pardon à celui-là qui possède seul le monopole du pardon des péchés et du don d'une nouvelle vie dépourvue de péchés. **LUC 18 : 9 – 14.**

Deuxièmement, se repentir c'est changer d'état d'esprit, c'est divorcer avec sa vie païenne afin d'épouser la nouvelle vie recommandée par JESUS CHRIST. C'est s'échiner désormais à vivre selon les préceptes Bibliques, c'est changer catégoriquement de mode de vie, un changement de vie engendrant une transformation sociale exemplaire. Bref se repentir, c'est vivre la Chrétienté et non plus faire semblant de la pratiquer, ni de s'en moquer totalement. **JACQUES 1 : 22 – 27.**

Troisièmement, se repentir est question de sauvegarder ce nouveau mode de vie Chrétien malgré les multiples, diverses et intenses persécutions qui en découleront ; car quiconque veut vivre pieusement en JESUS CHRIST seront persécutés. **2 TIMOTHEE 3 : 12.**

De même, il est impérieux de sauvegarder et de maximiser sa Foi, son poids spirituel, ses armes spirituelles, ses dons spirituels, son fruit de la lumière et son fruit de l'esprit dans l'optique de neutraliser, de traumatiser les forces démoniaques qui s'échineront à vouloir en nombre et en puissance reconquérir nos vies ; en l'occurrence vouloir à nouveau et davantage influencer Sataniquement et vicieusement nos vies. **LUC 11 : 24 – 26.**

A cet effet, il est vital de connaitre la dangerosité et les conséquences du retour dans les flammes maudites du paganisme après y être sorti. D'ailleurs à ce propos, l'apôtre Pierre le notifie dans **2 PIERRE 2 : 20 – 22.**

> SOLLICITER LE SOUTIEN CHRISTIQUE :

C'est déjà une excellente chose de se repentir car se faire représente plus de la moitié du travail afin d'éviter l'inimitié du BON DIEU. Toutefois, cette repentance n'aura aucune consistance sans l'aide, le soutien, la guidance et le leadership du SEIGNEUR JESUS CHRIST. Il est question ici de l'imiter, en imitant les Hommes qu'il a lui-même formés. Solliciter le soutien du MESSIE, c'est avoir une vie de prière semblable à celle du prophète Daniel, des apôtres et du MESSIE JESUS CHRIST lui-même. C'est nourrir son esprit via la nourriture spirituelle qui est le BIBLISME SPIRITUEL. Mode de vie basé sur la lecture, la méditation, la compréhension, l'acceptation, la sauvegarde et la mise en pratique des maximes Bibliques afin de devenir une parfaite brebis de JESUS CHRIST.

C'est dans ce sens que LE SAUVEUR du monde formule : << Venez à moi, vous tous qui êtes fatigués et chargés et je vous donnerai du repos. Prenez mon joug sur vous et recevez mes instructions car je suis doux et humble de cœur et vous trouverez du repos pour vos âmes. >> **MATTHIEU 11 : 28 , 29.**

> PRATIQUER LA MISSION CHRETIENNE :

Exercer dans notre nouveau mode de vie la mission dont nous avions longuement débattu dans le thème neuvième de cet ouvrage est bénéfique pour nous et salutaire pour les autres. Connaissant la mansuétude inouïe et la miséricorde intarissable de L'INCREE, j'ai foi et je suis persuadé qu'en la pratiquant, nous retrouverons grâce à ses yeux. De plus, en la pratiquant, nous assagirons nos contemporains, principalement nos proches afin qu'ils ne puissent pas tomber dans cet immense piège Diaboliquo-démoniaque qu'est le paganisme. D'autre part, secourir ceux qui y sont déjà piégés sera un héritage se transmettant de génération en génération. Donc inévitablement, ces ex piégés feront de même avec les autres prisonniers, ainsi de suite ; et ce qui engendrera la prolifération et la pérennisation de la panacée qu'est la Chrétienté !

Ainsi, œuvrer pour l'Evangélisation des Nations, des peuples et des personnes à court, à moyen, à grand registre, en tout temps, en tout lieu et de toute manière nous garantira l'immunité Divine. A condition que cette Evangélisation soit en accord avec la volonté de DIEU, c'est-à-dire conforme au respect indélébile et à la pratique quotidienne des maximes des Saintes-Ecritures. Mieux encore, à condition que cette Evangélisation à autrui soit totalement dépourvue d'une vie ambivalente en l'occurrence une vie d'apparence chrétienne et une vie païenne dissimulée.

D'ailleurs, LA LUMIERE du monde formule : << Celui qui n'est pas avec moi est contre moi et celui qui n'assemble pas avec moi disperse. >> **LUC 11 : 23.**

Voici la fin du discours : << C'est bien de prospérer dans la vie, mais c'est mieux de prospérer dans la mort ! Car à quoi ça sert de gagner le monde si on perd son âme ? >>

<< [...] j'ai nourri et élevé des enfants *(j'ai créé et gavé l'humanité de mes faveurs),* mais ils se sont révoltés contre moi. Le bœuf connait son possesseur, et l'âne la crèche de son maitre ; Israël ne connait rien, mon peuple*(le monde entier)* n'a point d'intelligence. Malheur à la Nation pécheresse, au peuple chargé d'iniquités, à la race des méchants, aux enfants corrompus ! Ils ont abandonné L'ETERNEL, ils ont méprisé le SAINT d'Israël. Ils se sont retirés en arrière [...] Mais la ruine atteindra tous les rebelles, les pécheurs et ceux qui abandonnent L'ETERNEL périront [...] L'Homme fort sera comme l'étoupe et son œuvre comme une étincelle ; ils bruleront l'un comme l'autre ensemble et il n'y aura personne pour éteindre. >> **ISAIE 1 : 1 – 31.**

<< Comme un père a compassion de ses enfants, L'ETERNEL a compassion de ceux qui le craignent, car il sait de quoi nous sommes formés, il se souvient que nous sommes poussière. >> **PSAUMES 103 : 13 , 14.**

<< Si nous confessons nos péchés, il est fidèle et juste pour nous les pardonner et pour nous purifier de toute iniquité. >> **1 JEAN 1 : 9.**

<< Moi je reprends et châtie tous ceux que j'aime. Aie donc du zèle et repens-toi ! >> **APOCALYPSE 3 : 19.**


'' Quiconque a des oreilles pour entendre, entende et du discernement pour comprendre, comprenne ! ''

# THEME 12 : LA GRANDE TRIBULATION

Comme nous le savons tous, la tribulation ou l'affliction ou l'épreuve est l'ensemble des peines et des adversités qui parsèment la vie des Hommes. Cette dernière prend diverses manifestations dont le socle est la souffrance. Ainsi, la tribulation peut être sanitaire liée à une vie remplie de maladies, d'infirmités physiques et mentales.

En outre, elle peut être psychologique avec la résidence des drames intérieurs, poignants et pathétiques tels que l'anxiété, la dépression, la peur, le complexe d'infériorité, le burn-out, le bore-out, le brown-out etc. aboutissant parfois aux pulsions suicidaires et même parfois aux suicides.

De même, l'affliction peut être sociale, manifestée par des discriminations, des frustrations nées de la difficulté ou de l'incapacité à subvenir à ses besoins humanitaires et à ceux de son entourage.

Mieux encore, l'épreuve peut être spirituelle avec les multiples et diverses attaques physiques et mystiques humano-démoniaques donc le but est d'anéantir la vie et le bonheur des humains. Globalement, la tribulation est d'ordre spirituelle car elle impacte sérieusement sur le sanitaire, le psychologique et le social. C'est d'ailleurs dans cet aspect spirituel que nous allons nous focaliser tout au long de cette maxime.

De ce fait, la grande tribulation est l'ensemble des persécutions, des souffrances, des douleurs et des malheurs qui assaillent les vies des chrétiens et des chrétiennes ; à cause de leur choix conscient d'appartenir, de suivre et de servir le SEIGNEUR JESUS-CHRIST.

A cet effet, les brebis du CHRIST payent chèrement et douloureusement le prix de leur chrétienté ; puisque Satan, gouvernant ce monde injuste, inculte et occulte s'échine à les anéantir de peur que ces derniers contaminent vertueusement, et donc chrétiennement la majorité esclaves du système démoniaque et marionnettes du Diable.

Ainsi, la contamination chrétienne consiste à exhorter et à montrer le bon exemple aux captifs de Satan, dont l'objectif est de les aider à passer du statut de vicieux à vertueux, de païens à chrétiens, de loups à brebis et de l'ivraie au blé. C'est à cause de cet acharnement diabolique sur les brebis du CHRIST qui a poussé le redoutable apôtre Paul à affirmer : << Or tous ceux qui veulent vivre pieusement en JESUS-CHRIST seront persécutés. >> **2 TIMOTHEE 3 :12**

Cependant, LE MENTEUR et PERE DU MENSONGE Satan et ses acolytes humano-démoniaques pensent que la grande affliction est une fatalité pour ceux qui y sont ainsi exposés. Ça ne m'étonne pas d'eux puisqu'ils sont limités et limitables. Au contraire, la grande tribulation est en réalité une éternelle félicité inouïe. Nous en reparlerons dans les lignes suivantes en nous focalisant sur trois principaux points à savoir :

> Son commencement
> Son déroulement
> Son dénouement


❖ **<u>LE COMMENCEMENT DE LA GRANDE TRIBULATION</u>** :
Il est question ici du choix radical de suivre et de servir le MESSIE. A cet effet, ce dernier nous a vivement recommandé :<< Entrez par la porte, car large est la porte, spacieux est le chemin qui mènent à la perdition et il y en a beaucoup qui entrent par là. Mais étroite est la porte, resserré le chemin qui mènent à la vie et il y en a peu qui les trouvent. >> **MATTHIEU 7 : 13, 14.**

Ainsi, cette décision sagace de choisir, de suivre et d'obéir à la LUMIERE DU MONDE fait de nous les principaux ennemis du Diable et de ses troupes. A partir du moment où nous avons accepté d'exécuter cette recommandation Divine, les hostilités démoniaques dont la grande tribulation est lancée.

Cependant, face à ce choix de mode de vie et à ses multiples conséquences, LE BON BERGER nous explique la nécessité de ce choix de vie. A ce propos, il formule : << En vérité, en vérité, je vous le dis, celui qui n'entre pas par la porte dans la bergerie, mais qui y monte par ailleurs est un voleur et un brigand. Mais celui qui entre par la porte est le berger des brebis […] Je suis le bon berger. Le bon berger donne sa vie pour ses brebis […] Je connais mes brebis et elles me connaissent […] Mes brebis entendent ma voix, je les connais et elles me suivent. >> **JEAN 10 : 1 – 27.**


❖ **<u>LE DEROULEMENT DE LA GRANDE TRIBULATION</u> :**
Une fois les hostilités démoniaques lancées, la totale puissance du système mondain Satanique se déploie contre les brebis ; ce qui engendre les persécutions, les souffrances, les douleurs et les malheurs acerbes. Tellement c'est tortueux et douloureux que l'on envisage souvent d'abandonner la chrétienté authentique au profit du paganisme populaire. Mais malheureusement, de nombreuses personnes l'abandonnent et pire encore contaminent plusieurs à en faire autant ; et c'est vraiment dommage ! A cet effet, j'ai toujours coutume d'affirmer :<< Est Chrétien

qui peut et non qui veut, car vivre chrétiennement est la chose la plus difficile à réaliser dans ce monde ! >>

De ce fait, c'est d'ailleurs pourquoi le SEIGNEUR JESUS CHRIST lui-même nous mets en garde : << En vérité, en vérité, je vous le dis vous pleurerez et vous vous lamenterez et le monde se réjouira. Vous serez dans la tristesse, mais votre tristesse se changera en joie. La femme, lorsqu'elle enfante, éprouve de la tristesse parce que son heure est venue, mais lorsqu'elle a donné le jour à l'enfant, elle ne se souvient plus de la souffrance à cause de la joie qu'elle a de ce qu'un Homme est né dans le monde. Vous donc aussi, vous êtes maintenant dans la tristesse, mais je vous reverrai et votre cœur se réjouira et nul ne vous ravira votre joie [...] >> **JEAN 16 : 20 – 24.**

Courage mes chers contemporains, véritables serviteurs et servantes du SEIGNEUR JESUS CHRIST ! Nous  ne sommes pas plus grands que notre MAITRE ! Si notre MAITRE, LA LUMIERE DU MONDE, JESUS CHRIST de Nazareth y compris nos pères spirituels les prophètes et les apôtres l'ont endurés, à combien plus forte raison nous devons en faire pareil ? Alors, au nom du bien, de la justice et au nom de notre identité chrétienne, combattons le bon combat de la foi et achevons la course de la grande tribulation ! **2 TIMOTHEE 4 : 7 , 8.**


### ❖ <u>LE DENOUEMENT DE LA GRANDE TRIBULATION</u> :
L'infinie félicité inouïe, la vraie vie, dans le vrai monde, auprès du seul vrai DIEU, le bonheur éternel ; tel est la finalité de la grande tribulation !

D'ailleurs, l'impérissable apôtre Jean le relate en ces termes : << Après cela, je regardai et voici, il y avait une grande foule que personne ne pouvait compter, de toute nation, de toute tribu, de tout peuple et de toute langue. Ils se tenaient devant le trône et devant l'agneau, revêtu de robes blanches et des palmes dans leurs mains [...] Et l'un des vieillards prit la parole et me dit : « ceux qui sont revêtus de robes blanches, qui sont-ils et d'où sont-ils venus ? [...] Ce sont ceux qui viennent de la grande tribulation ; ils ont lavé leurs robes et ils les ont blanchies dans le sang de l'agneau [...] ils n'auront plus faim, ils n'auront plus soif et le soleil ne les frappera point, ni aucune chaleur ; car l'agneau qui est au milieu du trône les paitra et les conduira aux sources des eaux de la vie et DIEU essuiera toute larme de leurs yeux. >> **APOCALYPSE 7 : 9 – 17.**

Suite à cette forte révélation, nous pouvons ainsi conclure que la grande tribulation est en réalité un mal momentané, pour un bien illimité ! C'est une semence dont la récolte est de qualité supérieure inouïe, surabondante et immortelle ! C'est un investissement laborieux garantissant une rentabilité absolue ! En d'autres termes, la grande tribulation, c'est la grande bénédiction !

Voici la fin du discours : << LE TOUT-PUISSANT a créé le monde telle une gigantesque fresque en puzzles où chaque pièce de puzzle est un être vivant. A cet effet, l'une des raisons majeures de l'anarchie, de l'injustice, de l'inculture, de l'occultisme et des malheurs du monde est due au fait que bon nombre d'êtres vivants ne sont pas à leurs places ! >>

<< A quoi sert l'argent dans la main de l'insensé ? A acheter la sagesse ? (*Nullement ! Il sert plutôt à accroitre davantage sa sottise, à détruire davantage sa vie et celles des autres !*) Mais il n'a point de sens >> **PROVERBES 17 : 16**

<< Et que sert-il à un Homme de gagner tout le monde s'il perd son âme ? Que donnerait un Homme en échange de son âme ? Car quiconque aura honte de moi et de mes paroles au milieu de cette génération adultère et pècheresse, le fils de l'homme aura aussi honte de lui quand il viendra dans la gloire de son père avec les saints anges. >> **MARC 8 : 36 – 38.**

'' Quiconque a des oreilles pour entendre, entende et du discernement pour comprendre, comprenne ! ''

# THEME 13 : PRIERE FERVENTE

IL est vital pour moi d'achever cet ouvrage via une prière fervente qui est en réalité une doléance, une requête, une quémande, une supplication, une imploration et une mendicité adressée au PERE, au FILS et au SAINT-ESPRIT ! Avant de devenir des êtres spirituels, nous sommes d'abord des êtres charnels ! Avant d'être des anges en formation, nous sommes d'abord des êtres humains en proie à des sentiments, des besoins et des aspirations humaines ; et le CREATEUR le sait mieux que quiconque. Quoiqu'il sache parfaitement de quoi nous avons besoin ici-bas, puisqu'il est OMNICIENT- OMNIPRESENT- OMNIPOTENT, il nous demande de persévérer dans la prière. Mais pas des prières monotones, ni superficielles, ni créditrices, ni injonctives, et encore moins incrédules ; mais des prières ferventes c'est-à-dire remplies de confiance, d'assurance et de FOI en celui à qui nous prions. C'est d'ailleurs la raison pour laquelle le plus grand prieur fervent de toute l'histoire de l'humanité, le SAUVEUR JESUS CHRIST nous recommande d'introduire la prière fervente dans notre mode de vie Chrétien ; car telle est la source de tout bien-être, de toute puissance, de toute gloire et de tout bonheur. A cet effet, il prophétise : << […] Et DIEU ne fera-t-il pas justice à ses élus qui crient à lui jour et nuit et tardera-t-il à leur égard ? Je vous le dis, il leur fera promptement justice. Mais quand le Fils de l'HOMME viendra, trouvera-t-il la FOI sur terre ? >> **LUC 18 : 1 – 8.**

Toutefois, il est important de révéler que les antéchrists et les démons également prient leur maitre Satan ; quel que soit la dénomination divinatoire qu'il porte. Ces derniers veulent nous faire croire que prier LE PERE, LE FILS et LE SAINT-ESPRIT est une perte de temps, une hérésie ; or eux-mêmes se fortifient grâce aux pouvoirs Diabolique de leur dieu Satan via des rituels, des sortilèges et des incantations démoniaques. Sachant cela, à combien plus forte raison nous Chrétiens devons demeurer dans la prière fervente ? Comment allons-nous détruire les œuvres infâmes du Diable et de ses troupes si nous ne voulons pas nous surarmer Christiquement via la prière fervente ? C'est ainsi qu'en réalisant cette réalité, nos pères spirituels originels donc les apôtres ont demandé au PERE SPIRITUEL JESUS CHRIST : << […] SEIGNEUR enseigne-nous à prier comme Jean l'a enseigné à ses disciples. >> **LUC 11 : 1.**

Dès lors, la prière ci-dessous est une doléance renfermant tant les besoins matériels que les besoins spirituels. Cette supplication engendrera certainement les bénédictions Divine et fera de vous une nouvelle créature digne du SEUL, VRAI et BON DIEU ! Ainsi, prions le CREATEUR :

<< PAPA YAHWE : PÈRE, DIEU et MAITRE de ma vie, aies pitié de moi car j'ai vitalement besoin de toi PAPA !

ETERNEL, je t'invoque afin de te supplier de faire de moi maintenant et éternellement une bénédiction et une source de bénédictions !

Ainsi, par ta mansuétude, ta miséricorde et ta compassion infinies. Par ton amour inouï, ineffable et intarissable pour moi, je te supplie PAPA de m'accorder une vie sensée, utile, joyeuse, radieuse et heureuse dans laquelle abondent et débordent je cite :

❖ Ta grâce Divine
❖ Ta protection Divine
❖ Ta paix Divine
❖ La plus grande des richesses qu'est L'ESPRIT-SAINT
❖ La santé perpétuelle
❖ Des biens véritables
❖ Un mariage gracieux et heureux
❖ Des enfants spirituels, élus et oints comme toi SEIGNEUR JESUS CHRIST en l'occurrence :
  ➢ Des leaders spirituels et non des suiveurs du système
  ➢ Des influenceurs de masse et non des influencés par la masse
  ➢ Des amis de DIEU et non des amis du Monde
  ➢ D'authentiques imitateurs de JESUS CHRIST et non des

Imitateurs de l'ennemi Satan qui est en réalité :

• Le Menteur et le Destructeur

• Le limité et le limitable

• Le battu et le battable

• Le déchu et le perdu

• L'échec et la source d'échec

• Le maudit et la source de malédiction
  ➢ Des enfants multiplicateurs de foi et de forces
  ➢ Des enfants éveilleurs et intensificateurs d'étoiles
  ❖ Et enfin, PAPA je souhaite ardemment LE BONHEUR ETERNEL !

L'OMNISCIENT- L'OMNIPRESENT et L'OMNIPOTENT que tu es, je t'en conjure, fais en de même avec les membres de ma famille car il n'y a pas de bonheur à être heureux tout seul vu que nous sommes des milliards à avoir faim et soif du bonheur ! Or PAPA, c'est toi et en toi que l'on trouve LE VERITABLE BONHEUR, puisque tu es LE CHEMIN, LA VERITE et LA VIE. D'ailleurs tu l'as attesté par le biais de ton serviteur le sage roi Salomon qui dans **PROVERBES 10 :22** formule : « *C'est la bénédiction de L'ETERNEL qui enrichit et il ne l'a fait suivre d'aucun chagrin !* »

DIEU LE CREATEUR, je t'en conjure, pour désormais et à jamais posséder, abonder et surabonder de la plus grande des richesses qu'est le guide, le consolateur, le paraclet, l'esprit de vérité, l'esprit de gloire, l'esprit de DIEU, LE SAINT-ESPRIT ; afin que je puisse vivre en totale adéquation avec lui en surmontant toujours le mal par le bien. En persévérant toujours dans les épreuves et en résistant toujours aux multiples tentations qui sévissent dans ce monde injuste, inculte et occulte ! Je te le quémande SEIGNEUR JESUS CHRIST toi qui es LA SAGESSE et LA SOURCE de la sagesse, toi qui es LA PUISSANCE et LA SOURCE de la puissance, toi qui est la RICHESSE et LA SOURCE de la richesse !

TOUT-PUISSANT, pour avoir une vie honorable, je t'implore de me l'accorder SEIGNEUR JESUS CHRIST toi qui es LA VIE et LA SOURCE de la vie !

ROI des rois, pour avoir la santé perpétuelle, je t'invoque afin que tu me la donne SEIGNEUR JESUS CHRIST toi qui es LA FORCE et LA SOURCE de la force !

BON BERGER, pour avoir ta protection Divine, je te supplie de me protéger SEIGNEUR JESUS CHRIST toi qui déborde de ressources et de secours !

ELOÏ, pour bénéficier des voyages à travers le monde. Pour sécuriser mes déplacements quotidiens ainsi que ceux des miens, je te prie de m'abriter SEIGNEUR JESUS CHRIST toi qui possède le monopole de L'OMNIPRESENCE !

LA LUMIERE DU MONDE, pour avoir les biens de subsistances. Pour avoir un travail utile, passionnant, honnête et rentable. Pour avoir la réussite du travail de mes mains, je te quémande de me faire grâce SEIGNEUR JESUS CHRIST, toi dont les pensées, les paroles et les actions sont vigoureusement et éternellement OMNIPOTENTES !

J'ai ainsi prié, supplié, imploré, quémandé et réceptionné par le nom TOUT-PUISSANT de JESUS CHRIST de Nazareth !!! AMEN !!!

DIEU DE MIRACLES, toi qui n'as jamais changé, jamais menti et jamais échoué. Toi qui as décrété dans **MATTHIEU 7 : 7, 8** : « *Demandez et l'on vous donnera. Cherchez et vous trouverez. Frappez et l'on vous ouvrira. Car quiconque demande reçoit. Celui qui cherche trouve. Et l'on ouvre à celui qui frappe !* »

Mieux encore toi qui a prophétisé dans **JEAN 16 ; 23, 24** « […] *En vérité, en vérité, je vous le dis, ce que vous demanderez au PÈRE, il vous le donnera en*

*__mon nom. Jusqu'à présent vous n'avez rien demandé en mon nom.
Demandez et vous recevrez, afin que votre joie soit parfaite !__* » J'ai donc ainsi
demandé et je reçois avec reconnaissance éternelle ton exaucement, ta grâce, tes
largesses et tes bénédictions par le nom TOUT-PUISSANT de JESUS CHRIST
de Nazareth LA LUMIERE DU MONDE !!! AMEN !!!

DIEU MISÉRICORDIEUX, infiniment merci pour m'avoir réceptionné
une énième fois dans ton majestueux et glorieux trône de la grâce !

PAPA infiniment merci pour m'avoir réceptionné afin de m'accorder un peu
de ton sacré et de ton précieux temps !

PAPA Infiniment merci pour m'avoir auditionné afin de m'écouter avec
attention !

PAPA infiniment merci pour m'avoir auditionné afin de me comprendre
avec compassion !

PAPA infiniment merci pour m'avoir auditionné afin d'avoir pitié de moi
avec dilection !

PAPA infiniment merci pour m'avoir localisé afin de me fortifier, de me
protéger et de me restaurer avec exagération !

Et par surcroit, PAPA infiniment merci pour m'avoir localisé afin de
m'exaucer avec précision et précipitation par le nom TOUT-PUISSANT de
JESUS CHRIST de Nazareth !!! >>

# AMEN !!!

*Inspirée du livre de la SAGESSE 13 :17 – 19*

# EPILOGUE

Lorsqu'on n'est pas occupé à s'assagir et à se construire, on est inéluctablement occupé à s'abrutir et à se détruire ; les lecteurs et les lectrices sont les décideurs du monde ! Voilà pourquoi le redoutable apôtre Paul formule : « Toute Ecriture est inspirée de DIEU et utile pour enseigner, pour convaincre, pour corriger, pour instruire dans la justice afin que l'Homme de DIEU soit accompli et propre à toute bonne œuvre ! » De la même manière, tous les écrits de ce troisième volume ont également les mêmes principes ; en l'occurrence engendrer, développer et immortaliser l'authentique Chrétienté dans les vies des Nations, des peuples et des personnes. En outre, ce livre a pour mission de nous aider à prendre réellement conscience des enjeux originels de l'existence humaine ; dans l'optique de nous amener à sérieusement réfléchir sur nos modes de vie qui sont majoritairement mondain, œcuménique donc païen. En d'autres termes, cet ouvrage a pour mission de nous aider à prendre position et de combattre en tout temps, en tout lieu et de toute manière Satan et ses acolytes humano-démoniaque. Ces derniers qui s'échinent journellement et méchamment pour nous déraciner de notre SOURCE : DIEU LE CREATEUR, pour nous détourner de notre BERGER : JESUS CHRIST de Nazareth et aussi, pour nous déconnecter de notre CONNECTEUR SPIRITUEL : LE SAINT-ESPRIT. Ainsi, comme les précédents volumes 1 et 2, ce 3ème volume renferme également 13 thèmes fort intéressants et fort assagissant pouvant véridiquement et ardemment nous persuader à nous réconcilier avec LE CREATEUR ; ainsi que nous fortifié efficacement afin de désormais demeurer en lui, malgré les multiples et diverses épreuves dont nous sommes et seront exposés. Certes la mise en pratique des conseils avisés et des méthodes opérantes contenus dans cet ouvrage est très difficile à réaliser, puisque nous vivons dans un monde injuste, inculte et occulte. Mais elle est tout de même possible et praticable enfantant et développant ainsi une révolution spirituelle, un renouvellement corporel, une reprogrammation morale, intellectuelle, émotionnelle et surtout une transformation sociale Chrétienne, exemplaire, heureuse et enviée de tous !

**'' Que LE SEIGNEUR JESUS CHRIST produise dans vos corps et dans vos vies la plénitude de sa Sainteté et de sa Divinité !!! AMEN !!! ''**

Printed by Books on Demand GmbH, Norderstedt / Germany